從擇偶競賽、婚姻連結到刻意單身，
看懂我和我們的生存法則

愛的演化心理學

劉嘉 著

序

科學有多種分類方法。如果以人類為科學的尺度，那麼與人無直接關係的是物理、化學這種關注日月交替、萬物演化的自然科學；如果將注意力向內翻轉，試圖理解我們內心世界的繽紛燦爛、愛恨情仇的科學則是心理學。「我是誰、我從哪裡來、又要去什麼地方？」是心理學的終極三問。

既然心理學的研究對象是人，那麼心理學需要回答的第一個問題，必然是「我從哪裡來？」即什麼使我們成為人，而不是其他。

在一九七四年十一月的一個正午，人類學家唐納德．約翰森（Donald Johanson）在衣索比亞的哈達爾沙漠中，尋找能夠在人類和猿類之間架起橋梁的化石。突然，一塊略微突出地面、在陽光照耀下閃爍著光澤的肘骨化石，引起了他的注意。這塊化石與散布在它周圍的其他骨骼化石，構成了一副人形骨架。剛開始，約翰森以為這是一隻猴子的化石，直到他注意到骨架的膝關節，有直立行走必需的膝關節旋扭機轉。約翰森藉由鉀氬定年法，判定這副骨架屬於一種在三百二十萬年前直立行走於非洲大陸的生物。在晚上的慶功宴，那首一遍遍播放的披頭四樂隊的歌曲〈鑽石天空下的露西〉（Lucy in the Sky with Diamonds），讓興奮不已的約翰森將這副骨架的主人稱為「露西」——目前已知最古老的人類祖先。

與其說露西是人類與猿類之間的過渡，不如說她是個起點，因為她的腦容量只有現代人的三分之一，與猿類的腦容量類似。那麼，究竟是什麼驅力促使人類大腦的容量在隨後的演化中增加了三倍？比較人類和猿類的大腦，我們會發現人類增加的大腦容量主要在額葉——從頭的外型來看，人類的額頭向前突出，飽滿豐盈，也就是古人所說的「天庭飽滿」。額葉的主要功能是處理複雜事務；據此，心理學家提出了「社會腦假說（Social Brain Hypothesis）」，即人類之所以需要更大的大腦，是因為人類所在群體的結構複雜度，遠遠高於其他物種所在的群體。

下圖呈現的是一般成年人的社交圈：「我」位在一系列不同親疏關係的圈層中心。離「我」愈遠，群體數量愈大，但親密度愈低。在「我」的社交圈裡，一百五十人的圈層是重要分界：由此向外，是更迭相對頻繁、與「我」無緊密關係的五百人熟人圈

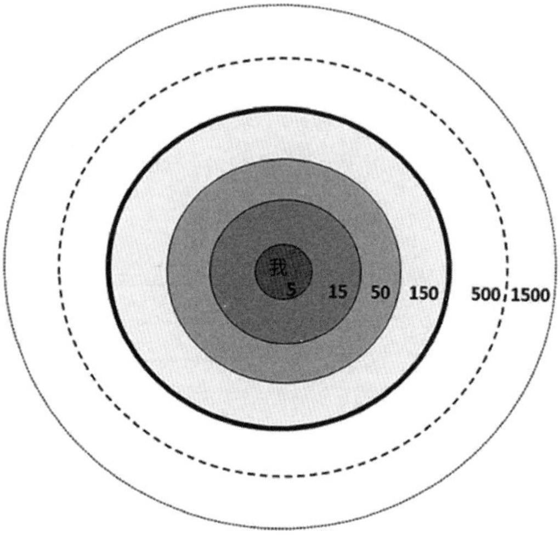

（同事、牌友等），以及也許可說出名字、記住臉孔的一千五百人圈層（如社交軟體的好友等）；而在一百五十人圈層內，是自己信任、互惠互利，同時承擔責任的圈層（親人、朋友等）——源自我們祖先的家族與部落的大小。其中，居於核心的是與「我」一體的五人，他們與「我」相互纏繞、密不可分；更重要的是，他們定義了「我是誰」——這就是婚姻與家庭。

婚姻與家庭是人類獨有的現象。它的出現，並不是對愛的慶祝與永恆化，而是為了解決人類直立行走所帶來的生育問題。露西的骨盆變小，使得整個身體的重心更低、更容易直立；骨盆位置變高，以便髖部肌肉能在行走時穩定身體。但是，位置變高、尺寸變小的骨盆，必然使胎兒出生的產道變窄，導致難產。而演化提供的解決方案，是讓每個胎兒提前出生。如果人類胎兒像其他靈長類胎兒一樣發育成熟才出生，那麼他們需要在母體裡待足十八個月，而不是現今的九個月。所以，「早產兒」的存活與成長，需要母親全天候的照顧和父親持續的資源供給。因此，婚姻本質就是契約，一個男性與女性共同簽訂、讓早產兒得以成長、人類得以繁衍的契約。而契約是文明社會最根本的基石——基於契約，家庭組成部落，部落演變為城市，城市連接成為國家。複雜的社會群體由此而生，我們也從動物變成了人。

當露西從樹上爬下，在非洲大草原上直立行走時，未來人類的親密關係與愛恨情仇、社會文化的紛繁多樣與衝突妥協，就此展開浩瀚無垠的畫卷。這本書將聚焦在與「我」最關聯的親密關係：愛與性、婚姻與家庭。

本書分為三個部分，由多個章節組成。每個部分各自獨立，可隨機閱讀。

第一部分從演化心理學的角度來探討美的定義，以及女性和男性的擇偶標準。在這章節中，我們將從基因的視角（第一章〈始於顏值：美的力量〉），解釋為什麼女性偏愛年長男性，而男性正好相反；為什麼女性最偏好的體型是沙漏形，男性則追求倒三角形；為什麼平均臉顯得美，而神奇的腰臀比〇．七意味著什麼？更進一步，當我們擺脫演化在我們身上留下的印記，關注另一半的內在品質時，我們發現女性和男性的擇偶標準天差地別：女性要求男性有資源、有地位，要求男性上進、勤奮、成熟、穩定（第二章〈陷於才華：尋找白馬王子〉）；男性則只求女性年輕漂亮，甚至這一點也可以放棄，見頁九十八「零點效應」（第三章〈忠於人品：旦為朝雲，暮為行雨〉）。女性挑剔、男性寬容的背後，是女性擁有生育資源並在後代撫養中投入更多、是演化中的富人，男性卻一無所有。所以，男性為了與女性作為「富人」的「挑三揀四」抗衡，發展出馬基維利主義式的搭訕技巧（PUA）；而女性為了對抗男性的「渣男體質」，報之以「紅杏出牆」，讓男性糾結於處女情結之中。換句話說，人類的演化史，本質上是男性與女性圍繞著後代繁衍的背叛與反背叛的歷史，難怪我們需要日益增大的腦容量來回應這零和賽局。但當我們的腦容量愈來愈大，理性與意識開始萌芽，行為更常被大腦的理性而非基因的獸性所驅動。於是，「我」開始成長為「我們」——在家族、宗教或法律的見證下，男性與女性正式進入了兩人世界：婚姻。

第二部分探討婚姻的前世今生。從演化的角度來說，婚姻只是繁衍後代的副產品，而非愛的昇華。但是，人之所以為人，是因人能超越演化的宿命，選擇自己的道路前進，將婚姻與愛連接在一起。這時，婚姻便從滿足生存需求的「制度式婚姻」演變成滿足安全感、愛與歸屬的「友伴式婚姻」，直到今天透過情感連結以實現自我表達、自我尊重和自我成長的「自我表現婚姻」（第四章〈安於陪伴：婚姻的本質〉）。然而，人類有文字記錄的歷史僅五千二百年左右，相對於約三百萬年的演化，我們還太年輕，犯了很多錯誤——誤認為激情之愛會澆灌出美滿持久的婚戀，而「包辦婚姻」只是歷史的遺毒。事實上，居高不下的離婚率並非現代人對婚姻的失望；相反地，這只是我們在追求更美好的生活、表達我們的自由（第五章〈自我表達：我有我的自由〉）。當二十世紀下半葉，人類解決溫飽後，新的生活方式湧現——在穩定、富有安全感的生活之外，更要心理富足：一種充滿變化、跌宕起伏的非傳統、不穩定、不妥協的自我表現之生活。當心理富足的需求與婚姻相結合，伴侶的作用不再只是提供資源或者安全感，而是「因為你的存在，讓我想成為更好的人」。這時，有效溝通與真誠理解，成為保持穩定積極婚戀的關鍵。

第三部分以同理心為中心，講述自己與他人、自己與自己的溝通技巧。長久的親密關係並非伴侶花多長時間相處這般簡單，而是要用心經營（第六章〈化解衝突：經營愛情〉）。健康的親密關係應當是「安全依戀型」，即心意相通、性的親密、平等地給予和獲取情感與物質資源；更進一步則是積極的親密關係，需要自我表達並傾聽對方的困惑、感傷、喜愛和夢想，同時給予積極的回應。而這一切，就需要同理心（第七章〈同理心：你在，故我在〉）。同理心是高情商的表現，是建立連結，並非像同情心一樣，僅僅旁觀。同理心說明我們從他人的視角來看問題，並發現我們和別人的不同。同時，它可以幫助我們向內去認真聆聽自己、信任自己，成為一個更好的我。透過保持好奇心、積極傾聽和轉換視角等方法，我們可以提升自我同理心，建立更為健康積極的親密關係；

更重要的是，用同理心來傾聽內心的呼喚，讓我們找到美好的生活。

自從露西決定與古猿分道揚鑣，直立行走邁向未來的人類文明時，也許有個問題會縈繞在她的心頭：「成為一個人究竟意味著什麼？」

亞里斯多德說：「人天生是社會性動物。」的確，沒有一個人能夠自全、成為孤島。只有透過與他人的連結並形成親密關係，才有今天的人類，個體也更趨完整。但是，正如心理學家阿莫斯．特沃斯基（Amos Tversky）說：「人本身並不複雜，複雜的是人與人之間的關係。」親密關係又帶來了背叛、衝突和創傷。

在美國作家瑪格利．威廉斯（Margery Williams）的童書《絨毛小兔》（*The Velveteen Rabbit*）裡，絨毛兔問他的好朋友老皮馬，怎樣才能變成一隻真正的、有血有肉的兔子。

老皮馬回答：「真實並不能被製造出來；它只會自然而然地發生──當一個小朋友愛了你很久很久，並且他不只是想和你玩，而是真正愛你──那麼你就會變成真實。」

絨毛兔問道：「那我會受傷嗎？會痛嗎？」

「有些時候，會的。」老皮馬誠實回答道，「但是如果能變成真的，你是不會介意這些傷痛的。」

「那這是一下子就發生的嗎？」絨毛兔問，「還是一點一點慢慢地發生？」

「不會一下子發生的，」老皮馬緩緩解釋，「這需要很長的時間。這就是為什麼真實通常不會發生在那些或朝三暮四而輕易分手，或稜角鋒利而不知妥協，或敏感脆弱而需要時時照料的人身上。一般來說，等到真實終於降臨的那一天，你的大部分毛髮已經脫落，眼花耳聾，關節不再靈便，容顏也不再光彩如昔。但是，這都不重要，因為一旦變成真的，你就永遠不可能是醜陋的了，除非他不懂你的愛。」

目錄

PART 2

兩人的世界

PART 3

溝通與理解

第七章　同理心：你在，故我在……239

PART 1

尋找另一半

第1章
始於顏值：美的力量

二〇〇〇年十月的一天，程式設計師詹姆斯．洪和他的好友吉姆．楊正在加州矽谷的一家酒吧裡喝啤酒，打發無聊時光。吉姆談到他在聚會上碰到的漂亮女孩時突發奇想：如果有個網站能讓更多人來評論一下那位女孩有多吸引人，那該多有意思。

當時正好是矽谷的第一次網路創業浪潮，於是詹姆斯和吉姆說做就做，很快架起了網站，用戶可以自行上傳照片，並對網站上其他女孩的外貌給予評價和評分。一開始網站上只有少少的十張照片，而網站伺服器就放在吉姆的大學宿舍裡。他們替網站取了引人注目的名字：amihotornot.com（Am I Hot or Not，我漂亮嗎？）

該網站一發布就爆紅——二十四小時之內，網站流覽量超過十五萬人次；兩個月後，網站單日流覽量已達到一千五百萬人次，入選了尼爾森「二十五個最具廣告價值的網站」名單。很快地，這個網站以二千萬美元的價格被收購了。

如果你認為二千萬美元讓詹姆斯和吉姆大賺特賺，那就錯了。二〇〇三年，一位雙修電腦科學和心理學的哈佛大學生模仿這個創意，建立了一個網站並上傳哈佛大學學生的證件照，然後讓使用者根據這些照片的顏值進行比較排序。幾天之內，巨大的網站流量癱瘓了哈佛大學的網路系統，讓他意識到這個網站的重大商業價值。三個月後，他將網站升級，最終成為世界上最大的社交網站

Facebook.com；這位跟風者，也就是當今世界的網路巨擘——馬克．祖克柏，而Facebook的市值已破兆美元。

為什麼評論別人的樣貌會讓人如此著迷？如果我們是因為從對他人樣貌的冷嘲熱諷中獲取快感，那麼對當下時事的評論更能讓我們一展「才華」。事實上，詹姆斯和吉姆當時的靈光一現，反映出我們的大腦對他人由體型、外貌等構成的性吸引力之興趣。這興趣編碼在我們的基因中，是為了解決「尋找一位合適伴侶」的千古難題。

顏值即正義

正如網路上的流行語：「你長得這麼好看，說什麼都對。」人類的確是看臉的動物。我們不僅會因為一個人長得帥或長得漂亮，才和對方有第一次的「親密接觸」。在其他方面，我們真的會認為，顏值即正義。

在美國，一位名叫卡麥隆．赫林的二十一歲小夥子，在限速七十二公里的路上開到時速一百六十二公里，撞死了一對正在過馬路的母女，法院判處他入獄二十四年。赫林的家境富裕，父母為他請了陣容強大的律師團，甚至精神科醫生也來為他開脫，說他年紀太小，前額葉發育不完全，因此行事衝動，但是卻沒有任何效果。

出乎意料的是，赫林的英俊長相在網路上幫他吸引了無數「顏粉」；而這些「顏粉」紛紛為他「尋求正義」！有人為他求情：「從他的眼睛就能看出他有多麼自責、受傷和疲倦，害死兩個人對他來說也不好受啊。」有人幫他脫罪：「要是他真的開那麼快，嬰兒車怎麼沒被撞爛？」還有人修圖，把他修成天使，說他「無辜」、「判二十四年太過分了」。在美國白宮請願網站上，有超過二萬人連署為他求情，請求輕判或免罪。

不僅「無腦」的粉絲如此「顏控」，連宣稱理性至上的法官也是如此。東卡羅來納大學的心理學家卡斯

圖 1-1 卡麥隆．赫林肖像

特羅教授發現，在性騷擾案件的研究中，如果嫌疑犯長得比較醜，那麼他被判有罪的可能性較高，而如果嫌疑犯長得比較帥，他被判無罪的可能性較高。換句話說，長得醜是性騷擾，而長得好看，就是兩情相悅。

更糟糕的是，如果讓大眾根據一個人的長相來判斷此人是聰明還是愚蠢，是有趣或是無聊，大眾通常會認為，那些長得好看的人，有更好的內在品質，例如：聰明、有趣、有雄心壯志；同時，長得好看的人在事業上也會被判斷為更加成功。心理學家將這種現象稱為「光環效應」，即一個長得好看的人會自帶光環。

更匪夷所思的是，這些顏值高的人，在現實生活中確實更加聰明、更加有趣、更有雄心壯志，以及更加成功！心理學家分析，可能因為這些長得好看的人經常是眾人注視的焦點，會獲得更多關注，因此他們有更多社交機會，能從中練習他們的社交技巧。於是，透過頻繁的社交，他們變得更加機智和風趣。同時，因為他們的社交圈更為廣泛，在事業上也會有更多機會，最終導致他們的成功。

所以，圍繞「如何變美和變得更美」的產業，必然有巨大的商業利益。事實上，現代廣告業創造出完全由帥哥和美女組成，並且只存在報紙、雜誌、螢幕上的二維虛擬世界；化妝品和醫美產業，為那些因外表瑕疵或歲月痕跡而焦慮的人，提供了眼花撩亂的解決方案：從各種價格不菲的化妝品到對身體的折磨——注射肉毒桿菌、植髮、抽脂、整形手術等。

一切為了美。

可是，什麼叫做美？俗話說，青菜蘿蔔，各有所好。美看上去不大可能有個標準範本。但是，在個體審美的差異之下，是人類審美的共性。正是這個共性，推動我們的祖先在三百萬年前與猴子分道揚鑣，演化成今天的我們。

美的共性：年齡、身材與臉蛋

約會是男女交往的第一步，對方的年齡則是影響約會與否的重要因素之一。但是，男性和女性在這一點上有很大的區別。男性通常會因這位女性的年齡是否太大而拒絕和她約會；女性則相反，她們通常會因這位男性太年輕而拒絕和他約會。

在現實社會中，老妻少夫的情況比較少見，老夫少妻的例子則比比皆是。一項針對四十個國家的系統調查也證實，無論黃種人、白種人還是黑種人，無論是現代國家還是傳統部落，無論是集體主義還是個體主義，無論是自由戀愛還是包辦婚姻，婚姻中男性和女性的年齡都存在差別，即男性的年齡大於女性。平均而言，未婚女性希望未來丈夫的年齡比自己大三．四二歲；在已婚族群中，新郎比新娘大的歲數，從愛爾蘭的二・一七歲到希臘的四・九二歲不等，平均是二・九九歲。

當雙方抵達約會地點，對方遠遠走來，映入眼簾的是對方的身型。對於女性的美好體型，人們會用婀娜多姿一詞來讚嘆。婀娜多姿的具體體現是沙漏形體型——由寬肩、細腰、寬臀，構成兩端寬、中間細、類似沙漏的體型。不少女性為了獲得並保持沙漏形身材，無所不用其極——緊身衣、束腰、抽脂手術等。人們對於男性的美好體

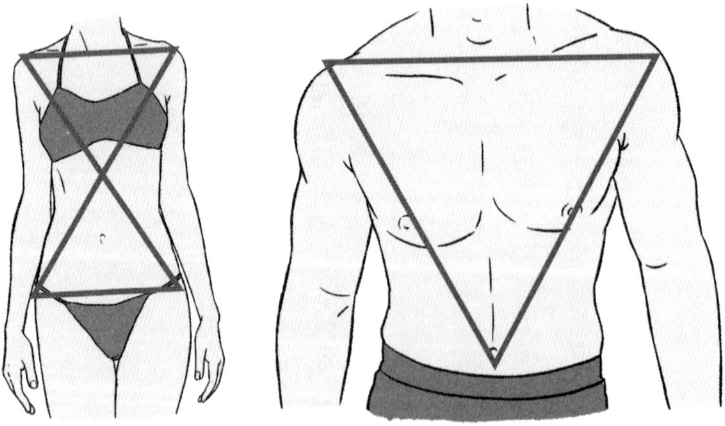

圖 1-2 女性的沙漏形體型與男性的倒三角體型

型，則用虎背熊腰來形容。虎背熊腰就是倒三角形的體型——肩寬、腰細、臀細。女性常會認為，倒三角體型男性的性能力強，同時在社會地位上高人一等。

待兩人坐下開始交談，目光便牢牢鎖定在對方臉上。英俊嗎？漂亮嗎？約會的雙方此時便有了答案。大量心理學研究顯示，在人們得到答案的過程中，至少參照了兩種標準：第一，臉的對稱性；第二，臉的平均性。

關於臉的對稱性，每個人的左臉和右臉雖然高度相似，但並非百分之百一樣。左右臉的相似度愈高，即左右臉愈對稱，那麼顏值就愈高。我們可以做個小小的實驗，看看自己臉的對稱性。首先，自拍一張照片，然後用影像處理軟體，沿鼻子中線把臉裁切成左右兩半；最後，把左臉鏡像旋轉一百八十度，變成右臉，再把這張右臉與原來的左臉沿中線拼貼成一張新臉。如果這張合成的新臉與原來照片上的臉差別不大，說明臉的對稱度高，長得好看。

平均臉並非指臉長得平庸、普通，沒有特色，而是指符合人口學特徵統計意義上的平均值。最早發現平均臉現象的是達爾文的表弟高爾頓（Sir Francis Galton）。當時高爾頓試圖研究不同類型的人，如罪犯、肺病患者、英國人等的長相是否具有特徵。為此，他發明稱為「複合肖像畫」的方法，研究不同類型的人的長相特徵。具體而言，就是將同一類型人臉上的眼睛、鼻子、嘴等對準，然後疊加在一起，從而合成出一個統計意義上的平均臉。一八八一年，高爾頓向攝影學

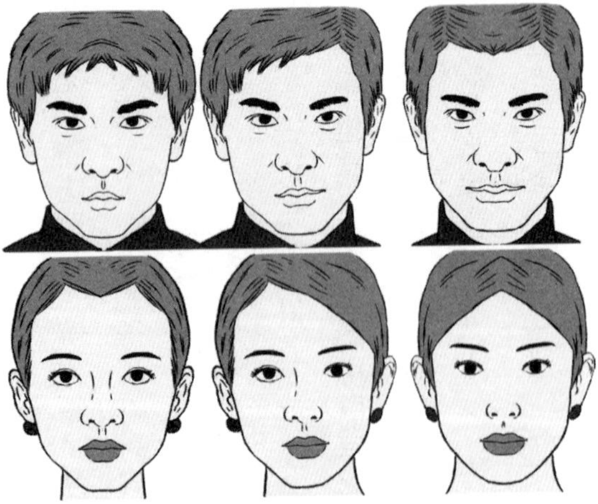

圖 1-3 對稱臉示意圖。中間為兩位明星的臉；左邊的臉是兩張左半臉拼貼而成，右邊則是兩張右半臉拼貼而成。由圖可知，即使是明星，他們的臉也並非完全左右對稱。

會的會員講解他發明的「複合肖像畫」時，大家驚訝地發現，疊加多名男性肺結核患者的照片，得到的平均臉相當驚人——這張臉的比例非常理想且符合審美標準，極為英俊。而且疊加的臉愈多，就愈英俊。

與年齡類似，人類對美的體型和臉部特徵的定義，也具有跨文化、跨種族的一致性。哈佛大學人類學研究學者阿皮塞拉（Coren Apicella）在坦尚尼亞找到了與世隔絕、仍處於狩獵採集原始生活方式的哈扎人。整個哈扎部落只有不

圖 1-4 左：來自公司股值破兆美元的 CEO——馬克．祖克柏、賴利．佩吉、傑夫．貝佐斯和伊隆．馬斯克的平均臉。

到一千人，男人負責狩獵和採集蜂蜜，女人則四處尋找野生塊莖類植物、漿果和猴麵包樹的果實。阿皮塞拉以哈扎年輕人的照片製作兩種類型的平均臉：一種平均臉由二十張臉疊加而成，另一種平均臉只由五張臉疊加而成。結果顯示，哈扎人一致認為用二十張臉合成的平均臉，比五張臉合成的平均臉更好看——與生活在文明社會的現代人一樣，哈扎人也認為臉愈平均愈美麗。

跨文化、跨種族的審美共性，暗示了在美的定義背後，一定有著更深層的原因。

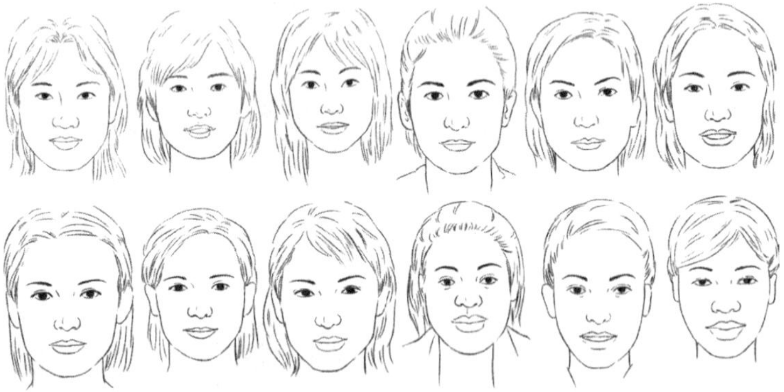

圖 1-5 蘇格蘭格拉斯哥大學的心理學家使用了不同國家／民族的數百名女性頭像，合成了每個國家／民族的「平均臉」。

演化心理學：美的定義來自演化

一八五九年，達爾文出版了《物種起源》（全名為：論處在生存競爭中的物種之起源〔源於自然選擇或者對偏好種族的保存〕）。在這本書中，達爾文以「適者生存」為核心的演化論，為他在全世界贏得無比崇高的聲譽。但是，達爾文高興不起來，因為他遇到一個終極的焦慮——雄孔雀那造型誇張、華而不實、虛而無用的尾巴。這個難以用「適者生存」法則來解釋的尾巴，讓達爾文感嘆道：「只要一想到雄孔雀的尾巴，我就反胃。」

在自然界中，並不缺乏具有亮麗色彩的動物，但是牠們多半有毒，那亮麗的色彩是明白無誤的恐嚇：「離我遠一點，否則你會被毒死。」那些沒有毒的動物則會用亮麗的色彩，模仿這些有毒物種，狐假虎威，欺騙牠們的捕食者。

但是，雄孔雀的華麗尾巴與上述二者無關——它只有一個功能，那就是炫耀。一個消耗極大能量、不便於行動以逃避天敵的巨大無用尾巴，在「適者生存」的演化論看來只是累贅，完全不符合物競天擇的自然選擇理論。從演化的角度，雄孔雀美麗的尾巴，還有夜鶯悅耳的歌聲、馬鹿精巧複雜的角、山魈五彩斑斕的臉等，這些特質的產生和維持都需要耗費巨大的能量，所以它們帶來的好處一定要遠遠超過機會成本——擁有它們的好處一定要高於擁有它們而帶來的損失。但是，讓達爾文困惑的是：這個好處是什麼？

也許是同時期的裴多菲（Petőfi Sándor）「生命誠可貴，愛情價更高」的詩句啟發了達爾文。一八七一年，在《物種起源》出版十二年之後，達爾文「扔下的另一隻靴子」（生物學家威爾遜語）——《人類的由來及性選擇》出版。在此書中，達爾文提出「性吸引力」的概念，補足了自然選擇理論缺失的部分。達爾文天才地想到，動物除了生存之外，還有一個更重要的使命，那就是繁衍，讓生命不停傳承。達爾文猜測這些看上去華而不實的裝飾性特徵，與繁衍密切相關，能夠提高交配產生後代的機會。於是，達爾文把雄孔雀那明顯與生存無關，甚至危害生存的尾巴稱為第二性徵。同樣，男人的鬍鬚與低沉的聲音、女人的乳房與豐腴的皮下脂肪，也都是第二性徵。它們與生存無關，卻像磁鐵的南極和北極，深深吸引著異性。正如科學研究發現，如果將雄性動物閹割，可以改善其健康狀況，顯著延長壽命，可是又有誰願意像這樣生存著？

圖 1-6
孔雀的尾巴、馬鹿的角和山魈的臉

地球上的所有生物，都是自然選擇的產物。從演化的角度看，每個生物個體其實都是容器——儲存了從上一代那裡接受並要傳遞到下一代的基因；而這基因如奔流不息的江河，永無止境地追求對自身的延續和升級。所謂「適者生存」，那些生存力更強、繁殖力更強的個體，才是大自然的寵兒——即能提高繁殖效率和成功率的基因，在競爭中淘汰了不具備這些本領的同類。所以，如何甄別並獲得潛在伴侶的繁殖能力，成為每個個體需要發展的核心技能。具體而言，正如一首探戈舞曲需要兩人共同完成，一個個體的基因要完成複製，也需要來自另一個個體的基因（有性生殖）；而另一個體的基因最好是健康、優秀的基因，不是攜帶各種致病因子的基因。

當雄孔雀展開華麗的尾巴，夜鶯發出美妙的聲音，牠們真正想表達的是：「選我，選我！我有絕佳的基因。搭配這優質的基因，你的基因也能永存。」這些性吸引力的特質，是高品質伴侶的有效信號，因此獲得繁殖的機會就愈高。

人類也不例外。基於達爾文演化論的心理學——演化心理學，試圖從人類演化的歷史來理解我們當下的行為。與動物類似，從演化的角度上來說，人類的核心任務不是創造文明、推進社會，而是傳宗接代，讓基因永存。因此，男歡女愛、兩情相悅的唯一目的，是挑選能將後代生存能力和繁殖能力最大化的配偶。基於這個目的，我們的審美價值體系必然要服務於基因傳遞這一任務。

平均臉與對稱臉：好的基因

中世紀的歐洲王室之間強調貴族血緣統治，於是近親之間頻繁結婚，由此結下了不少惡果。西班牙國王菲利普四世娶了他的外甥女，生下的兒子卡洛斯二世是畸形兒；英國女王維多利亞跟自己的表弟結婚，生下的九位兒女與歐洲各國王室婚嫁，成為歐洲王室的噩夢：維多利亞最小的兒子、普魯士家族和末代沙皇尼古拉二世的兒子都是血友病患者（血液中缺乏一種凝血因子，很小的傷口都可能因血流不止而致命）。

因近親結婚而慘遭嚴重惡果的，要數曾在歐洲史上影響最大、統治面積最廣的哈布斯堡家族。病態的基因在哈布斯堡家族的顯現就是大名鼎鼎的哈布斯堡下巴：巨大無比的下巴配以突出的下顎、外翻的嘴唇和突出的前門牙。最大的受害者是卡洛斯二世——他出生時就存在身體畸形、腦部積水和癲癇；他的嘴甚至無法包覆舌頭，無法咀嚼，無法自助進食，智商也極其低下。最後，哈布斯堡王朝因為子嗣孱弱，王朝隨之凋落。

由於自然選擇的作用，絕大多數由基因突變所引發的遺傳疾病是隱性遺傳，當個體攜帶雙份隱性基因時（同型合子），該遺傳疾病才會發作（顯性表現）。近親之間的基因非常相似，出現同型合子的機率遠高於非近親結婚，因此後代在身體健康和智力發育上面臨更多風險，這在遺傳學上稱為「近交衰退」。中國

圖 1-7 西班牙哈布斯堡王朝的最後子嗣卡洛斯二世（左）和他的曾曾祖父查理五世（右）

在先秦時期就已意識到近親結婚的危害，提出「男女同姓，其生不蕃」、「同姓不婚，懼不殖也」等「五服不婚」。

所以，基因是愈雜愈好，這在遺傳學上被稱為基因雜合性高。也就是說，基因雜合性愈高，等位基因的混合程度愈高，遺傳疾病發病的風險就愈低。同時，基因雜合性愈高還意味著基因的多樣性愈高。人類的演化史也是與威脅人類健康數不勝數的寄生蟲、細菌和病毒相抗爭的歷史，隨著病菌不斷演化，基因的多樣性程度愈高，抵抗疾病的手段愈豐富——基因雜合性愈高，代表免疫系統愈強大。

我們如何判定一個人基因雜合性的高低呢？大自然真的很神奇，它把我們的基因圖譜透過長相明白無誤地展現出來。是的，我們的臉就是我們的基因圖譜。

研究顯示，臉孔愈接近平均臉，基因雜合性愈高。也就是說，臉長得愈平均，罹患先天遺傳病的風險愈少、對抗後天疾病的免疫系統愈強大。因此，擁有平均臉的人身體更健康，壽命更悠長。體現在審美觀上，我們會覺得平均臉帥氣、漂亮。所以，我們對美的追求，其實是對健康基因的追求。

當然，僅僅擁有好的基因是不夠的。我們的臉就像一紙徵婚廣告，上面不僅展示了我們的家世，即遺傳自父母的基因，還有我們的成長歷程。臉的對稱性則是對成長歷程的忠實紀錄。

古希臘哲學家畢達哥拉斯曾宣稱：「美的線型和其他一切美的形體，都必須有對稱形式。」在自然界，人體、動物體、植物葉片、昆蟲肢翼均為對稱型。但若仔細觀察，我們會發現自然界中任何對稱的生物，都有或大或小的不對稱。生物學家將這個現象稱為波動性不對稱，即對完全對稱的隨機偏離。進一步研究發現，造成不對稱的主要來源是寄生蟲、病菌等的侵襲。因此，波動性不對稱愈低，表示生物所成長的環境愈好，發育的穩定性愈高。

臉上的傷疤、瘢痕不僅暗示著主人成長的惡劣環境，不對稱的臉型背後還隱藏了體內寄生蟲和病菌肆虐的後果——漢生病等各種感染可能奪去一大塊皮膚、一隻眼睛甚至整個鼻子。臉部的不對稱，揭示的是個體在成長過程中的坎坷與苦難。所以，尋找對稱的人臉，目的是尋找在環境壓力下更能生存的「高富帥與白富美」。

擁有對稱臉和平均臉的人，他們的基因含有更少的致病基因，對病菌和惡劣環境的抵抗能力也更強，同時擁有更適宜的成長環境。這些特性有如孔雀的尾巴和夜鶯的歌聲，大聲宣稱：「我攜帶的基因無比健康，我成長的環境無比順暢。來找我吧！你我的基因相結合，能產生更健康的後代，從而讓你的基因能夠永存！」

顯然，約會的一方也明白另一方對平均臉和對稱臉的偏好，所以約會場所通常燈光昏暗，雙方也都會精心化妝打扮——用修容餅來修飾膚色，用陰影粉來修飾臉部輪廓等。但是，「魔高一尺，道高一丈」。這個時候，我們會像蜥蜴、老鼠一樣，用嗅覺而非視覺來分辨臉的對稱性。

心理學家讓男性連續幾天穿同一件T恤，將其體味留在T恤上，再讓女性去聞T恤上的味道，判斷這個氣味好不好聞。結果顯示，女性認為味道好聞的男性，他們的臉也更加對稱；而那些味道不怎麼好聞的男性，他們臉的左右對稱性較差。更讓人驚訝的是，女性透過嗅覺來判斷臉對稱性的準確度，與她們的生理週期有非常高的相關性。當女性處在排卵期時（生理上的受孕期），她們透過氣味判斷男性的臉對稱性之準確度最高；而當女性未在受孕期內，她們的準確度接近隨機程度。

從演化心理學的角度來看，一張美麗的臉就如甜食一樣甜蜜而誘人。我們愛吃甜食，並不是因為冰淇淋蘊含甜蜜和幸福的感受，而是冰淇淋等甜食裡面充滿了我們需要的能量。自然界把我們對能量的渴望，變成了對甜食的偏愛；苦和澀通常是水果未成熟甚至有毒的味道，因此，自然界讓我們厭惡而遠離它們。當我們的味覺感受器與甜食相遇的那一剎那，與快樂有關的大腦區域便開始放電，讓我們陷入愉悅之中，而愉悅又讓我們去尋求更多的甜食。美好的容顏也是如此。

年齡與體型：指向養育行為的燈塔

對繁衍後代而言，找到好的基因只是第一步。具有健康、優秀基因的新生命存活及健康成長，以便完成下一次基因傳遞，還需要充足的食物和細緻的關照，即養育。經過上百萬年的演化，人類尋找的不僅僅是好的基因，還必須有好的撫養行為。而擁有好的撫養行為之特質，也內化成了美的定義。

達爾文觀察到，對大部分物種來說，競爭的壓力在雄性，他們必須和其他同性個體爭奪接近雌性的機會。但是作為不能生育的一方，雄性只能對於後代的健康成長上，表現出「投資」的意願和能力，即男性是否能提供資源和財富來養育後代。

個人財富與多種因素有關，最常見的是年齡——財富會隨著年齡的增長而增加。這是因為我們不斷學習、不斷積累經驗、擁有更廣的人脈，故能增加收入同時積累財富。有份來自世界四大會計師事務所之一的德勤會計師事務所關於美國年齡與財富關係的報告——《我們正在變窮嗎？年齡導致的貧富差距使年輕家庭落後》中指出：在二〇一六年，三十五歲以下的家庭淨資產的中位數為一．一萬美元，而三十五至四十四歲的家庭淨資產的中位數為五．一萬美元，四十五至五十四歲的家庭淨資產的中位數為十三．二萬美元，五十五至六十四歲的家庭淨資產的中位數為十八．九萬美元，六十五至七十四歲的家庭淨資產的中位數為二十二．四萬美元，而七十五歲以上的家庭淨資產的中位數為二十六．四萬美元。更重要的是，年齡大的人的家庭抵抗風險能力更好。在二〇〇七至二〇一〇年美國的經濟大衰退中，三十五歲以下的家庭淨資產平均每年下跌八．八%，而六十五歲以上的家庭基本上毫髮無傷。

中國的情形也是類似。雖然中國是發展中國家，而且隨著網際網路等新興產業的興起，年輕人獲得和積累財富的能力正急劇增強，但是，個人資產總值在五千萬至十億人民幣之間，穩定年收入在一百萬元人民幣以上的中國富豪平均年齡是五十六歲，而五十歲以下的富豪僅占中國富豪的二十二％。因此，年齡大的男性因積累了更多財富，能為養育後代提供更多的資源，被女性所青睞。

當然，年輕男性也不是沒有機會——他們充滿雄性激素，具有更好的進取性，是潛力股。在身材方面，雄性激素高的年輕男性肌肉更為發達；同時，身體各部位的骨骼增大，肩膀寬闊，腰部粗壯，呈倒三角體型。在行為上，雄性激素高的年輕男性更具攻擊性。例如，在被關押的罪犯中，犯下謀殺、械鬥等攻擊性罪行的男子，血液中雄性激素濃度遠高於其他罪犯。而攻擊性更強的男性，在遠古時代明顯意味著能夠搶奪更多的資源。在現代文明社會，雄性激素高的男性則更活躍在社會活動、商業活動之中，將力量化為合法的商業競爭。

事實上，攻擊性在男孩身上便已萌芽。男孩更喜歡搭建積木、開汽車和玩滑板等指向外部世界的行為，正如一位教育心理學家所說：「讓我們面對這個事實吧，那就是男性喜歡操控東西，小到玩具機器，大到宇宙。」同時，男孩還具有更大的冒險欲。例如男孩將大毛巾披在肩上，從高處往下跳，看看自己是否能像超人一樣在空中飛翔。長大後，雄性激素帶來的冒險欲讓青年男性喜歡挑戰現存體系——推翻年長男性的統治，是他們獲取女性青睞的重要方式。

所以，無論女性是被年輕男性的倒三角體型所吸引，還是被年長男性積累的財富和地位所吸引，她們尋找的都是養育後代的資源，以及更好的養育後代行為。

在演化心理學家眼中，無所謂美與醜，只有是否適合傳遞的基因。適合傳遞的基因就是美的；不適合傳遞的基因則是醜的。表面上，我們擁有一雙發現美的眼睛，而究其根本，「美」其實是基因驅動我們去尋找健康、優秀的基因，以及好的養育行為的偽裝。

質疑：美是由文化而不是基因所定義

演化心理學中關於什麼是美的論斷，引起多個領域專家的反駁，特別是藝術界、文學界、社會學界等。他們提出的文化假說認為：所謂美醜，來自我們的文化傳承和後天經驗的塑造。

例如《國家地理雜誌》裡有不同地域、不同民族、不同國家的美女，可見人類的審美觀如此不一樣！所以，「什麼是美？」與成長的環境、文化和社會有更密切的關係。美的定義，更多是來自後天的影響。

不同時期的繆斯女神雕塑和畫像，直接支持了文化假說的證據。來自西元前一百年左右的古希臘繆斯女神雕塑顯示，美的體型是偏瘦的；到了中世紀，十七世紀和十八世紀畫像中的繆斯女神十分豐滿；但是到了十九、二十世紀，畫像中繆斯女神的體型再度變得纖細苗條。中國也有類似的例子：春秋戰國時期，楚靈王「好細腰」，所以「宮中多餓死」；這種對瘦的偏愛在漢代發展到了極致，於是有傳說中能站在人的手掌之上揚袖飄舞的趙飛燕。但到了唐朝，美又變成對體型豐滿之女性的偏愛，所以有「貴妃上馬，馬不支」的楊玉環。

審美的變化甚至可在更短的時間內發生——事實上，我們對美的定義隨時都在變化。一個更直觀的證據來自雜誌《花花公子》的「當月玩伴女郎」。《花花公子》一九五三年創刊到現在，從第二期開始，每期選一位「當月玩伴女郎」作為雜誌封面。顯然，這個「玩伴女郎」最能體現當下男性的審美觀。如果把每一期的「玩伴女郎」按時序排放，會發現男性在過去六十年裡的女性審美觀有很大的轉變：從早期對豐滿圓潤體型的偏愛，逐漸演變到現在對肌肉結實、輪廓清楚之體型的偏愛。

文化假說的支持者於是推論：人類對美的定義，隨時隨地在改變，而我們的基因不可能在如此短的時間發生變化。因此，對美的定義只能來自文化。

真的是這樣嗎？

變化中的不變：腰圍和臀圍之比

演化心理學家認為，對胖瘦體型偏愛的變化只是表象，隱藏在這些變化中的不變，才是美的本質所在。演化心理學家找到了這個不變，那就是腰圍和臀圍之比（Waist-to-Hip Ratio，WHR）。腰臀比就是腰圍除以臀圍所得到的比值：腰圍是經臍部中心的水平圍長，在呼氣之末、未開始吸氣時測量；而臀圍是臀部向後最突出部位的水平圍長。醫學研究認為，女性的腰臀比在〇．八五以下為健康範圍，但未必婀娜多姿。

無論是從古希臘開始、體型偏瘦的繆斯女神雕塑，到中世紀體型偏胖的繆斯女神畫像，再到近代體型偏瘦的繆斯女神畫像，她們的腰臀比都接近一個固定的數值：〇．七！《花花公子》中的「當月玩伴女郎」也是如此。心理學家辛格（Davendra Singh）統計了從創刊時「當月玩伴女郎」的豐滿圓潤體型，到現在肌肉結實體型的腰臀圍之比，發現儘管「玩伴女郎」愈來愈瘦，但她們的腰臀比一直維持在〇．六八到〇．七二之間，連「美國小姐」的桂冠得主也不例外。此外，瑪麗蓮．夢露、奧黛麗．赫本和辛蒂．克勞馥這些被公認有好身材的女明星，也有〇．七的完美腰臀比。

神奇的是，男性對腰臀比〇．七的覺察無須漫長的計算，只需要一瞬間。心理學家讓男性觀看女性的裸體照片，並用眼動儀記錄男性的眼動軌跡，實驗結果顯示，男性只需要二百毫秒就能將目光鎖定在女性的腰臀部。如果女性的腰臀比是〇．七，那麼男性的目光將停留更久的時間。同時，這些男性對腰臀比是〇．七的偏好，並不是因為看多了《花花公子》；進一步研究顯示，即使是天生的盲人，用手觸摸不同腰臀比的女性身體模型時，也會給那些腰臀比為〇．七的女性身體模型打出更高的分數。

看來無論是藝術家、雜誌編輯，還是普羅大眾，都在潛意識中將女性腰臀比〇．七作為體型的最佳黃金值。然而，為什麼是〇．七？

當一位女性的腰臀比是〇．七時，意味這位女性處於黃金生育年齡——她有更高的生育力，有最佳的雌性激素水準。特別是她在這個時期對於與懷孕相關的疾病有最高的抵抗力。例如，孕婦容易得妊娠期糖尿病，即女性在妊娠前糖代謝正常，而在妊娠期才出現的糖尿病。妊娠期糖尿病會增加巨大胎兒的發生率、胎兒生長受限的發生率、胎兒的畸形率等，甚至導致流產和早產。但是，腰臀比在〇．七的女性對妊娠期糖尿病的抵抗力最強。此外，具有這個體型的女性也最不容易罹患心血管疾病，出現子宮癌的機率也最低。然而，只要腰臀比降低或提升〇．一個單位，也就是腰臀比〇．六或〇．八，她的生育力就會下降三十％。就算排除了諸如年齡、肥胖程度甚至吸菸等干擾因素，這個結論依然成立。

更重要的是，女性腰臀圍之比還會影響後代的智力。美國匹茲堡大學的拉塞克教授（Will Lassek）和加州大學的戈蘭教授（Steven J.C. Gaulin）測量了一萬六千名不同腰臀比的女性的孩子之智商。在排除了人種、教育背景、家庭收入等干擾因素的影響後，他們發現腰臀比在〇．七左右的女性，生下的孩子之智商得分更高。進一步研究顯示，這與女性體內的二十二碳六烯酸（一種Omega-3不飽和脂肪酸，即DHA）有關。

DHA廣泛存在於深海魚油，不僅有抗動脈粥狀硬化的作用，更重要的是，DHA是促進大腦發育成長必不可少的物質。在神經組織中，DHA約占其脂肪含量二十五%，有助於大腦保持結構完整和發揮功能。隨著女性進入青春期，含有DHA的脂肪開始在她們的臀部和大腿堆積，形成男女間體型的差異。這種臀部和大腿的脂肪直到女性妊娠晚期才會起作用，為嬰兒的大腦發育提供關鍵營養，所以女性豐滿的臀部和大腿非常重要。腹部的脂肪儲存的則是飽和脂肪，不僅與糖尿病、肥胖和心臟病有關，還會抑制用於合成DHA的酵素。因此腹部脂肪愈多，供給嬰兒大腦發育營養所需的ＤＨＡ愈少。這就是為什麼女性的腰部要細，不要有太多飽和脂肪。於是，纖細的腰身和肥胖的臀部，便構成了黃金腰臀比〇．七。

一方面來說，燕瘦環肥，各有所愛，文化和經驗影響了男性對胖瘦的偏愛；另一方面，無論男性喜歡的是豐滿圓潤型，還是纖細結實型，都一致同意女性的腰臀比應該是〇．七——無論胖瘦，都需要具有最強生育力的女性來讓我們的基因永存。

有趣的是，這個腰臀比對男性的體型而言同樣成立，只不過腰臀比不是〇．七而是〇．九。具有腰臀比為〇．九的男性有更高濃度的雄性激素，因此擁有更高的生育能力，同時更加健康，罹患前列腺癌和睪丸癌的機率更低。如果男性是腰臀比超過〇．九的梨狀體型（俗稱啤酒肚），並不討女性喜歡，這也是男性在健身房裡揮汗如雨的主要動機之一。

結語

不得不感嘆，這真是個看臉的社會！就連六、七個月大的嬰兒也知道看臉。心理學家發現，如果讓他們看平均臉和非平均臉，這些嬰兒會花更多時間注視平均臉。雖然他們還無法說出一句完整的話，也完全沒有接受文化的薰陶和社會規則的教育，但是基因已經告訴他們：「這就是你將來要找的另一半的長相，記住他們、尋找他們、和他們結合，因為他們有更好的基因！」

在古希臘，每到瘟疫或饑荒來臨時，城邦會選出最醜的居民作為祭品，稱為「Pharmako」。Pharmako會被押著繞城遊街，並被人們拿著荊棘鞭打。最後，Pharmako會被驅逐出城，甚至被石頭砸死、燒死或者被推下山崖。千年之後，雨果筆下《鐘樓怪人》中的卡席莫多雖然品行高尚，但因為長得醜，一直被當成怪物，最終也沒有贏得愛斯美娜達的愛。卡席莫多最後在鐘樓上絕望地咆哮：「遭天譴啊！人只需要好看的外表啊！」

這就是為什麼全球化妝品的年銷售總額超過三千億美元，為什麼每一百個韓國人中就有一個整過容，為什麼在健身房裡有那麼多人舉啞鈴、練皮拉提斯。美好的容顏與身材，為我們的工作、感情和婚姻等都帶來了難以想像的好處。

然而，好的長相並不意味好的品行、好的才華。號稱「清朝第一美男」的和珅就是大貪官。更糟糕的是，看臉識人，甚至會導致悲慘的結局。美國著名連環殺人犯泰德．邦迪，侵犯超過一百名女性，殺害了其中至少二十八名；受害女性大部分就是被他英俊的外貌所迷惑。

人類的歷史真是令人愛恨交織。一方面，它讓我們透過「美」去快速尋找合適的配偶；另一方面，它讓我們偷懶而不去了解人的內在與品質。正如麥當勞速食永遠成不了大餐，人類終究不是基因的奴隸。我們對外在容顏的偏執與熱愛，只是我們過去幾百萬年演化史的遺跡；想要真正體驗人與人之間的感情，找到靈魂伴侶，還需要我們超越基因的束縛，向內觸碰對方的內心。

第2章
陷於才華：尋找白馬王子

有一種長相類似麻雀的小鳥，叫作伯勞鳥。每當繁殖季節到來，雄鳥會開始囤積蝸牛、老鼠、羽毛、布料類物品，從九十到一百二十件不等，然後把這些物品掛在自己領地的樹枝上，等待雌鳥到來。雌鳥通常會看誰的領地裡掛出來的物品最多，就會與那隻雄鳥交配。當心理學家拿走那隻雄鳥的物品，放到另一隻「一貧如洗」的雄鳥領地，這時雌鳥就會轉向那隻擁有更多物品的雄鳥；而一開始眾多雌鳥追逐、後來被心理學家搞破產的那隻雄鳥，只會落得形單影隻。

財富也是一種性感。日本有項針對女性的調查，詢問受訪者「無業遊民的帥哥與年收入三億日元的醜男，你會選誰？」結果七十五．五%的女性選擇年收入三億日元的醜男。在相親中，除了兩情相悅，女方一定會盤問男方是否有房子、車子和存款。這種把「神聖」愛情物質化的行為並非「劣根」；事實上，對財富的偏愛是人類共有的。有項在美國進行的調查說明，女性認為男性的收入要達到整體男性的前三十%才可以接受。而另一項針對一千多例徵婚廣告的分析發現，女性徵婚者對男性經濟資源的要求，是男性對女性經濟資源要求的十一倍。

圖 1-8 雄伯勞鳥把捕食到的獵物（蜥蜴、蝴蝶）掛在木刺上，等待雌伯勞鳥到來。

由此可見，美好的容顏只是在兩性情感的起跑線上搶先半步；但是，這半步並不一定決定最終的勝者。在某些情形下，財富比顏值更重要。

當然，正如美貌一樣，財富也並非一切。在四大經典名劇《西廂記》裡，出身名門，針織女紅、詩詞書幾乎樣樣精通的崔鶯鶯，死活不願意嫁給尚書的兒子，而是愛上了父母雙亡、家境貧寒的窮書生張生。《聊齋志異》裡也有不少類似這樣的場景。

那麼，是什麼樣的內在品質，讓崔鶯鶯們不在意張生們的長相、不在意張生們的財富，而願意嫁給他們呢？根據《西廂記》的描述，張生打動崔鶯鶯的顯然是才華。

什麼是才華？有科學的定義嗎？接下來，讓我們從女性擇偶的視角，來看看「白馬王子」應該具有什麼才華？

白馬王子的特徵

想像一下生活在遠古時期的人類祖先，能夠生火取暖、狩獵捕食、躲避野獸、建造巢穴的男性，才能提供女性和後代足夠的生存資源和保護；如果女性找了位懶惰、暴虐、不願學習生存技巧的男性，那麼這位女性必將舉步維艱。

因此，女性祖先必須找到高效的方法和精確的標準來選擇男性配偶，從而讓人類得以繁衍。這些方法和標準經過長期演化，逐漸演變成現代女性對於白馬王子才華的定義。

心理學家巴斯（David M. Buss）以「人們對於長期的配偶有什麼期望？」為題，展開一項跨國研究。研究對象來自三十三個國家，共計一萬多人，涵蓋了世界上重要的種族、宗教和政體。以下是巴斯教授使用的調查問卷，你也可以測試一下，了解自己的選擇偏好。

身為一名女性，請評估您在選擇戀愛對象或配偶時，下列影響因素的重要性，並計算得分：

必不可少的因素，得三分
重要但並非必需的因素，得二分
你希望但並非很重要的因素，得一分
無關緊要或根本不重要的因素，〇分

表 1-1

影響因素	重要性（0-3 分）
1. 擅長烹飪和料理家務	
2. 讓人感到愉快	
3. 善交際	
4. 相似的教育背景	
5. 優雅、整潔	
6. 有較好的經濟基礎	
7. 貞潔（從未發生過性關係）	
8. 可靠	
9. 情緒穩定，成熟	
10. 希望有家庭和孩子	
11. 有較好的社經地位	
12. 長相好	
13. 相似的宗教背景	
14. 有抱負，勤奮	
15. 相同的政治背景	
16. 彼此吸引，相互愛慕	
17. 身體健康	
18. 有教養，聰明	

下表是巴斯教授跨國研究的調查結果中，女性期望戀愛對象或配偶應具有特質的排序。

表 1-2

影響因素	女性眼中的重要性	
	排序	得分
1. 擅長烹飪和料理家務	15	1.28
2. 讓人感到愉快	4	2.52
3. 善交際	6	2.30
4. 相似的教育背景	11	1.84
5. 優雅、整潔	10	1.98
6. 有較好的經濟基礎	12	1.76
7. 貞潔	18	0.75
8. 可靠	2	2.69
9. 情緒穩定，成熟	3	2.68
10. 希望有家庭和孩子	8	2.21
11. 有較好的社經地位	14	1.46
12. 長相好	13	1.46
13. 相似的宗教背景	16	1.21
14. 有抱負，勤奮	9	2.15
15. 相同的政治背景	17	1.03
16. 彼此吸引，相互愛慕	1	2.87
17. 身體健康	7	2.28
18. 有教養，聰明	5	2.45

對於女性而言，她們期望戀愛對象／配偶最應具有的前幾項特質是：「彼此吸引，相互愛慕」、「可靠」、「情緒穩定，成熟」和「讓人感到愉快」。

排在第一位是毫無爭議的「彼此吸引，相互愛慕」，得分接近滿分（二‧八七分）；事實上，這也是戀人會長期在一起的根本原因，無論這種吸引是來自外在因素（容貌、體型、財富等）還是來自內在因素。排在第二到第四位的是人的個性特徵，即人格的描述。「可靠」與五大人格（世界上最通用的人格模型）的「盡責性」有關，「情緒穩定，成熟」與五大人格的「神經質」有關，而「讓人感到愉快」與「親和性」有關。「讓人感到愉快」將專門在第七章〈同理心：你在，故我在〉分析，下面先來具體解釋「可靠」與「情緒穩定、成熟」。

可靠：上進、勤奮、堅持

即使是遠古時代，對男性地位等級的定義就已非常明確。四大古文明（西亞文明、古埃及文明、印度文明和中國文明）裡都能找到「首領」或「大人物」一詞。與文明世界相對隔絕的印第安人語言中，也有類似「大人物」的詞。語言學上的證據顯示，不同的文化裡都有出現地位高的男性，而且因為其重要性，有必要創造出專門詞語來描述他們。

女性偏愛地位高的男性，是因為這些男性更容易獲得並擁有資源，能提供後代更好的成長環境。而這種偏愛一直延續至今。心理學家在一項關於婚姻的調查中發現：女性認為男性在職場上的成功對婚姻十分重要，甚至必不可少——假設三分表示非常重要、缺一不可，〇分是完全不重要、可有可無，那麼女性給出的是二・七分的高分。一個有趣的對比是：如果女性評價的是性夥伴，而不是婚姻關係裡的丈夫，那麼男性在職場上成功的重要性就會陡降至〇・二分，即完全不重要。由此可見，女性偏愛地位更高的男性，主要是為了養育後代。

遺憾的是，有項涵蓋從非洲俾格米人到阿留申群島的因紐特人、針對一百八十六種社會形態的大規模婚姻研究顯示，地位高的男性總能擁有多名妻子。換言之，他們不缺女性，因為地位高的男性在婚姻中是「買方市場」。女性會將更多注意力投向那些未來有可能獲得高地位的潛力股，而她們的判斷標準主要有三個：上進、勤奮、可依賴。

在所有策略中，上進和勤奮是預測未來地位和收入最有效的指標。有項在中國、保加利亞和巴西等國進行的調查顯示，女性一致認為缺乏上進心的男性最沒有魅力。而在婚姻中，妻子也要求丈夫熱愛工作、有職業規畫，以及具有遠大抱負。

不僅人類如此，雌性動物也偏愛上進和勤奮的雄性動物。非洲草原的雄織巢鳥在繁殖季節，會叼著一根根比牠身體長幾倍至十多倍的黃茅草，飛行數公里甚至十多公里來編織窩巢。巢織成後，雄鳥會在入口處等待雌鳥光臨。當雌鳥接近窩巢，雄鳥就會倒掛在窩巢一旁，用力撲騰以展示自己窩巢的結實。這時，雌鳥會飛入窩巢，或推或戳，檢查窩巢材料是否牢靠。一旦雌鳥發現窩巢不符合要求就會離去，繼續尋找其他雄鳥的窩巢。有趣的是，如果窩巢連續被不同雌鳥拒絕，雄鳥就會推倒窩巢，重建更好、更結實的新窩巢。

需要特別指出的是，男性的上進和勤奮一定要用對地方。心理學家挑選四張有男性和嬰兒的照片，請女性來評價照片中男性的魅力程度。第一張是男性與嬰兒互動，第二張是男性對哭泣的嬰兒視而不見，第三張是認真打掃、做家務的男性，第四張是靜靜站立的男性。

可以預期，女性會認為與嬰兒互動的男性比忽視嬰兒哭泣的男性更有魅力——這是因為女性偏好願意與她共同承擔撫養後代責任的男性。但這個實驗真正提醒男性的是，女性認為專心打掃家務的男性沒有魅力，與忽視嬰兒哭泣的男性沒有區別，甚至遠低於站著發呆的男性的魅力。俗話說，顧家的男人才是好男人，但是女性需要的「顧家」不是做家務，而是能為家庭帶來資源、為家遮風擋雨。

當然，僅有上進和勤奮是不夠的，因為在邁向事業成功的路上有太多的坎坷和挑戰。此時，男性還需要持之以恆的堅持——對於不可預測、變化多端的男性而言，這是容易忽略卻唾手可得的資源。比方說，在遠古狩獵時期，本該外出打獵，卻因一些莫名其妙的理由突然決定不去了，或者在獵物即將進入陷阱時打了個盹，讓本來到手的食物丟了；在現代社會，工作上碰到挫折時決定放手不管、就此躺平，讓之前的努力付之東流。堅持，往往比上進和勤奮更重要。這也是為什麼心理學家認為，一個天才除了要有智力和創造力，還必須具備持之以恆、百折不撓的堅持。

中國歌手崔健演唱的歌曲〈一無所有〉中提到：「我要給你我的追求，還有我的自由。可你卻總是笑我，一無所有。」眾多男性不明白的是，一無所有並非女性嘲笑男性的原因，但男性宏大且虛無縹緲的追求與放蕩不羈、沒有自律的自由，顯然打動不了女性。她們所需要的，是上進、勤奮和堅持，一個面對不確定的未來仍然堅定向前的男性。

成熟：從我到我們

在事業上獲得成功的男性能夠為家庭帶回資源，所以時常覺得自己在兩性關係中理所當然高人一等，應該得到女性的關注與尊重。加之人類普遍存在的「自利性偏差」傾向，即把成功歸功於自己的天賦與努力，而把失敗歸因於環境的不利與他人的干擾，男性常因自我欣賞與自我關注而自戀。

自戀的男性常常過度自我聚焦，覺得自己擁有值得他人敬佩和仰視的獨特特質，因而時常要求女性無條件地順從自己。

首先，自戀有積極的一面，凡事總從積極面去尋找原因，較易保持健康的心態。但是，他們經常需要他人的關注、安慰和表揚，自尊心非常脆弱，一旦受到批評或挑戰，很容易表現出攻擊性，並試圖藉由貶低批評者，重新獲得自尊。然而在現實社會中，他們並不能時時得到滿足，於是攻擊性轉向親密關係的另一半。

由於以自我為中心、覺得自己更「優秀」，他們習慣獨占資源，並霸占另一半的大部分時間，同時更容易有外遇；因為權力欲，他們表現出異於常人的嫉妒心，容易吃醋，要求另一半滿足他們的所有要求，就連看到另一半與其他異性說話都會發怒；脆弱的自尊心讓他們更容易把過失歸於另一半，或採用惡語傷人、施展武力，或採用冷暴力、哭泣甚至自殘來進行情緒勒索。

情緒不穩定、不成熟的男性對女性而言，不僅無法提供穩定的資源支援，還消耗女性的時間和資源。在巴斯教授的跨國調查中，雖然男性和女性同樣重視「情緒穩定，成熟」，但是女性明顯比男性更看重這項特質——平均而言，所有文化中的女性對這項特質的評分為二·六八，男性則為二·四七；而參與調查的三十七種文化中，有二十三種文化（包括中國）的女性尤其強調男性的這項特質。

男性從男孩變成男人，並不僅僅是知識的積累或者技能的掌握，更多的是心理上的成熟，從以自我為中心，逐漸習得從他人視角來觀看並應對問題，從「我」成長為「我們」。

親代投資理論：演化中的富人與窮人

既然女性對男性要求這麼多，那麼男性對於女性呢？女性要求男性有資源、有地位，男性對女性則沒有這些要求；女性要求男性上進、勤奮、成熟、穩定，而男性對女性的撒嬌、任性、脆弱卻是非常寬容。在下一章，你將看到男性除了性之外，對女性並沒有過多要求。那麼，為何男性如此寬容和厚道？

寬容和厚道並非男性天生，而是不得不如此。因為在演化過程中，女性擁有寶貴而稀缺的繁殖資源，是天生的富人；男性則是一無所有的窮人，不得不透過獲取資源來彌補先天不足。

首先，男性一生中可產生上兆個精子，每小時大約可產一千二百萬個，而且每個精子都能發展成為獨立個體，所以是廉價和近似無限的；女性一生中產生的卵子約四百個，數量有限且一個月只產生一個，所以是昂貴和稀缺的。其次，在繁衍後代的過程中，男性和女性付出的機會成本完全不一樣。在每次性生活後，男性付出的只是幾十分鐘到一天，就能產生一個後代；女性一旦懷孕，意味著她在接下來的九至十八個月內，不能再產生下一個後代。同時，孩子的早期養育主要是女性的職責——在某些地區，僅僅哺乳期（母乳餵養）就長達四年之久。更別說有些女性為了繁殖後代，還會面臨一系列威脅身心健康甚至生命的疾病和危機。在懷孕期間，有十五到二十%的女性會罹患妊娠期糖尿病；在分娩時，即使是現代醫學發達和普及的時代，平均每千名孕婦中有二．八人會死於難產；在產後，有十五到三十%的女性會出現明顯的憂鬱症狀，甚至典型的憂鬱症發作。

懷胎、分娩、哺乳、撫養等都是格外珍貴的繁殖資源，而最淺顯的經濟學理論告訴我們，擁有寶貴資源的一方是不能隨便付出的。所以，擁有更多寶貴稀缺資源、同時對後代投資更多的女性，自然得對基本上完全不付出的男性更加挑剔。顯然，自然選擇也更青睞那些對男性更挑剔的女性——如果女性隨意選擇男性，她們將會付出慘重的代價：繁殖成功率更低，後代也更難存活到生育年齡。

基於這個觀察，演化生物學家羅伯特．崔弗斯教授（Robert Trivers）在達爾文的性選擇理論基礎上，提出了「親代投資理論」。親代投資理論認為，交配策略由雄性和雌性為其後代的生存和繁衍投入的相對資本來決定，而對親代投資量大的個體就是稀缺資源。包含人類在內的多數物種中，雌性投入的資本遠大於雄性，因此雄性的競爭壓力更大——他們必須和其他雄性爭奪接近雌性的機會，所以他們不僅肌肉更加發達，也變得更富有計謀。為了獲得異性，他們付出的不僅是財富，甚至是生命。這也是為什麼打鬥和凶殺總在男性間發生。

人類考古學上發現的最早凶殺受害者，是一個生活在大約五萬年前的尼安德塔人。科學家在出土的骨架上，發現受害者左頭骨有很大的凹痕，明顯曾遭受鈍器的敲打；骨架的左胸腔上還插著一根矛頭。事實上，在眾多出土的受損骨架中，男性骨骼上的骨折和凹痕遠遠多於女性骨骼。同時，傷口主要分布在頭骨和胸腔的左前方，這說明兇手多是右撇子。

從這個角度來說，人類的文明發展史，本質上就是男性為了獲得女性的青睞而爭

圖 1-9 史上已知第一名凶殺受害者。

奪資源的血淚奮鬥史。

受到獻殷勤男性所環繞的女性，則有更多的選擇權利。性選擇促使女性選擇那些外表和行為都展現出「優秀的基因」和「未來好爸爸」的男性，優秀的基因通常意味著男性具有的雄性激素濃度較高，因此肌肉型男在繁殖健康強壯的後代方面具有優勢，但這樣的男性通常有較高的暴力攻擊性和不忠出軌的傾向，顯然不是未來好爸爸的候選人。所以，女性必須在這兩項特質之間取得平衡。

最能清楚展現這一點的，是女性判斷男性是否有魅力會隨著月經週期而變化。處於濾泡期（月經週期的前半期，尚未排卵）的高受孕風險女性，偏愛更為陽剛的男性面孔，處於黃體期（已排卵）的低受孕風險女性則沒有這種偏愛。同樣地，當女性被告知從男性中挑選短期性夥伴時，女性通常會選擇具有明顯男性特徵的男性，而在挑選長期性伴侶時，她們會選擇「暖男」，即男性特徵不是特別明顯的男性。原因是這些男性的攻擊性較弱，更擅長合作，是未來好爸爸的候選人。女性這樣的偏好也能解釋，為什麼流量明星「小鮮肉」看上去陽剛氣不足，甚至「雌雄難辨」——這是因為我們當前的社會環境遠離戰爭與衝突，充滿和平和安全。

「型男」還是「暖男」？這是個困難的選擇，於是有些女性乾脆不選擇。在擁有長期伴侶的同時，她們也可能會在排卵期出軌，與「型男」一度春宵。如果策略成功，這樣的女人在演化上可說是人生贏家——從「型男」獲得遺傳上的優勢，再利用「暖男」獲得撫養子女的資源和承諾。

正如美國人類學家莎拉·布萊弗·赫迪（Sarah Blaffer Hrdy）所說：「從某種意義來說，雌性的擇偶偏好可能決定了物種演化的方向。因為雌性是擇偶行為的主宰者，她們決定了何時交配、和誰交配以及交配的頻率。」

男性的對抗：馬基維利主義式的操控

達爾文的性選擇理論認為，雌性的擇偶偏好決定了雄性在同性競爭中的內容和範圍。因此，男性作為被選擇的物件，對女性的擇偶偏好明察秋毫，瞭若指掌。遠古男性在爭奪同一名女性時，多以武鬥的形式表現；而在現代，男性更像伯勞鳥一樣，把自己的資源展現出來。大量研究顯示，男性比女性更喜歡炫耀自己擁有大量的資源：穿戴名牌西裝和奢侈手錶，以及看似不經意秀出豪宅、名車的照片，這些都能展現他的事業多麼成功、成就如何驚人——正如雄孔雀的尾巴一樣。而且，他在自誇的同時，也會大肆詆毀自己的競爭者是如何貧窮、沒有上進心及事業上不可能成功等。事實上，激怒一名男性最好的方法，就是將他與同輩進行比較——戀人、夫妻間的爭吵會升級，往往是從「你看看張三，再看看你……」開始。

但是，並非每名男性都有足夠的資源值得誇耀，於是誇大甚至撒謊成為男性的自然反應。例如，心理學家魯尼教授發現，男性面對漂亮女性時，認知適應性會自動啟動——六十％的男性在描述自己時，認為自己「有上進心」；但當美女不在場，只有不到九％的人認為自己上進。就連漂亮女性的圖片也會啟動男性的認知適應性——讓他們認為自己更有創造力、更加獨立，同時更常不服從命令，並更容易和其他男性發生衝突。

遺憾的是，雖然誇大或撒謊這些策略，在短期性關係中有效，但在長期擇偶的情況下，顯然無效。因為謊言只能欺騙一時，而非一世。在這時，男性更容易採用「馬基維利主義式」的操控。

馬基維利主義源於義大利外交官馬基維利，他看到統治者掌權又失勢，王朝輝煌又衰落，於是在一五一三年寫出經典論著《君主論》。書中完全拋棄了信任、榮譽和正直等傳統價值觀，而以操控他人的策略為基礎，向統治者提出如何獲得並保持權力的建議。馬基維利在書中寫道：「人是如此簡單，如此熱衷於滿足眼前需要，因而欺騙者從不會缺少受害者。」這種以控制他人為目的的行為模式，被稱為馬基維利主義。

心理學家將馬基維利主義拓展至社會交往，用於描述那些為了達到自身目的而利用他人的行為和人格特質。這些馬基維利主義者具有憤世嫉俗的世界觀，認為罪犯與其他人最大的差異，在於罪犯過於愚笨而被逮捕。同時，他們在交往中將他人視作達到個人目標的工具，例如他們很少將做事的真實原因告訴他人，除非這樣做有利於他們達成目標。此外，他們不信任他人，認為對人的信任是自找麻煩。最後，他們缺乏同理心，對他人的處境漠不關心，甚至認為他人遭受的不幸都是應得的。

當今的馬基維利主義者在一些領域裡混得風生水起。有項針對美林證券股票經紀人的調查發現：具馬基維利主義傾向的股票經紀人，獲得的訂單超過其他人的兩倍；在研究博弈的心理學實驗中，有馬基維利主義傾向的大學生，更容易從主管那裡偷到錢，而且偷到的金額遠遠大於其他人。這是因為他們不僅更願意撒謊，還會主動操縱他人的信任與情感。當馬基維利主義者把操控策略應用於兩性關係，就是臭名昭著的PUA。

PUA是「Pick-up Artist」的縮寫，直譯為「搭訕藝術家」，最早起源於二十世紀七〇年代的美國，目的是幫助男性透過系統化的學習與實踐，提升自身情商和社交能力，從而更快、更高效地結交女性。美國作家艾瑞克·韋伯（Eric Weber）將這些經驗和技巧集結成著作《如何泡妞》（*How to Pick Up Girls*），開啟了PUA次文化。後來，美國導演詹姆斯·托貝克（James Toback）自編自導了電影《泡妞專家》（*The Pick-up Artist*），使PUA廣泛傳播，並逐漸演化為男性對女性精神控制的馬基維利主義式操控。

PUA有很多門派，例如基於神經語言學理論的「極速引誘」（Speed Seduction）、基於生物演化論和馬斯洛需求理論的「謎男方法」（Mystery Method）、基於積極心理學和人際關係的「自大型幽默」（Cocky & Funny）和「社交動力學」（Real Social Dynamic）等，只不過它們的核心都是馬基維利主義式操控，透過愛的表達／吸引、責任／被需要、孤立／契約、否定／自尊摧毀，最終實現情感勒索和精神控制。

具體而言，馬基維利主義者首先藉由對愛的表達來吸引女性，也許是展現自己的魅力或地位，或透過恭維、送小禮物，也可能透過浪漫、充滿愛意的行為來結識女性，讓女性處於放鬆舒適、卸下防備的狀態。第二步則是對美好形象的反轉，激發女性的責任和被需要。正如摔破一只美麗的花瓶會引發惋惜、心痛的情感，剛建立起美好形象的馬基維利主義者，也會主動「暴露」出陽光之下的黑暗，如悲慘的童年、失敗的奮鬥、被欺騙的感情等。

內在的「傷痕累累」同最初的華麗登場所形成的鮮明反差，能最有效地激發女性的憐憫心與保護欲，即「母愛」的變體。這是PUA最關鍵的一步，因為它讓女性有了責任感，相信自己是對方唯一的「拯救者」。責任感是種奢侈品——大多數人終其一生也難以找到自身追求的目標，有些人以養寵物來獲得責任感，而「拯救者」的定位恰恰填補了這個目標感缺失的空虛，讓女性切實感受到自己「被需要」。愛情同時是種奢侈品——很多人終其一生未曾體驗真正的愛情，這些女性也很容易將PUA引發的憐憫和同情的畸形情感，與愛情混淆，認為自己的任何付出都是為了愛情。

當馬基維利主義者成功激發了女性的「母愛」，他們會開始試圖獨占女性全部的時間和資源，並將她與社會隔離，使她不能獲得有效的社會支持與干預。此時，諸如「我們一生一世只有對方」這樣看上去充滿愛意的承諾，迫使女性簽訂一系列「契約」。例如，不能見前男友、少花時間在閨蜜和父母家人身上，嚴重的還有定時檢查手機等。如果女性表示反對，馬基維利主義者的即時懲罰便隨之而來。一開始是自我降低策略，透過放低姿態、貶低自己，甚至哭泣來激發女性的軟弱，獲得控制。在這之後是冷處理策略，藉由不理睬與忽視、保持沉默和拒絕溝通等冷暴力手段，激發女性的妥協與寬容。自我降低與冷處理策略的背後是心理學的「煤氣燈效應」，目的是摧毀女性正常的情感與認知。

煤氣燈效應源於美國在二十世紀四〇年代拍攝的電影《煤氣燈下》

（*Gaslight*），講述的是鋼琴師安東為了得到寶拉繼承自姑媽的鑽石，把自己偽裝成溫柔而體貼的丈夫。由於寶拉曾目睹謀殺，於是安東以保護寶拉為名，讓她足不出戶。每當寶拉獨自在家時，夜晚房間的煤氣燈忽明忽暗，同時屋頂上傳來令人毛骨悚然的怪聲；而燈光復明時，正是安東回家之時。於是寶拉不斷懷疑自己、否定自己，最後成為外人眼中「精神癲狂」的精神病患者。心理學家將這種慢性心理中毒稱為「煤氣燈效應」。

當女性在社交孤立和「愛的契約」中慢性心理中毒後，馬基維利主義者便透過否定、批評、辱罵等脅迫策略，甚至毆打等強硬策略摧毀女性原有的世界觀，讓她在心理上完全依賴男性，並逐漸相信，對方的好惡是卑微的自己活在世上唯一的價值體現。

於是，兩性關係中的馬基維利主義者便透過對女性洗腦，最終實現精神控制。此時，演化中一無所有的窮人，成功竊取了演化中富人的財富。

結語

正如亞里斯多德所說「人是社會動物」，一旦進入社會，我們必然需要處理人與人之間的關係，而男女間的親密關係，無疑是重要的社會關係之一。男性和女性在這關係中的地位，顯然是不平等的。

女性擁有寶貴和稀缺的繁殖資源，在演化中處於挑選者的地位，但這個選擇並不容易，因為作為被挑選對象的男性，本身相當複雜多面——男性在諸如身體素質、運動技能、上進、勤奮、親和力、同情心、情緒穩定性、智力水準、社交技巧、幽默感、親屬關係、財富、社會地位等多個層面上存在差異，很難判斷哪些重要、哪些不重要。例如兩位候選男性，一位慷慨大方但情緒不穩定，另一位情緒穩定但吝嗇小氣，應該選擇誰呢？此外，人並非一成不變，今日的窮小子明天也可能成為大人物，所以女性必須懂得評估候選男性的未來潛力，不能只看當前情形，更要考慮男性未來的發展潛力。

作為被挑選對象的男性，一方面透過努力和奮鬥，向外獲取更多資源，向內變得更加可靠成熟，從而提升自己在候選人中的排序。同時，男性也試圖通過操控女性，化被動為主動。

操控並不一定意味著惡意，因為人際關係、社會交往的本質就是一些人試圖改變另外一些人。站在演化的角度，自然選擇青睞那些具有操控力的人。有些受到操控的物件是無生命的，如建造房屋、製作工具、生產食物等；有的則相反，包括狩獵、飼養動物、種植莊稼等。在漫長的群居過程中，人逐漸把操控物件擴展到同類，透過影響他人的心理和行為來操控他人，如傳授知識、分享經驗、安撫情緒，以及指示、命令等。這種操控讓我們的社會變得有序，文明得以傳承。

對於男女親密關係這個特殊的領域而言，操控更顯得微妙。其中一人可以採用理性說服策略，即解釋一項行為的潛在合理性，從而讓另一方這麼做來達到目的；也可以採用快樂誘導策略，讓另一方看到這麼做該會多有趣。這樣的操控，讓夫妻合作共生，由兩個獨立的「我」變成「我們」。但是，另一方面，以肉體和精神控制為最終目的的馬基維利主義者，卻將「我們」變成「主人與奴隸」。

雖然遠古女性祖先的成功智慧，為現代女性擇偶提供了高效和豐富的線索，但男性也在演化之中。這正如一曲探戈，只有兩者旗鼓相當才會有最美的舞蹈。

第3章

忠於人品：旦為朝雲，暮為行雨

心理學家詢問美國一所大學的男學生：「如果你能獲得某種超能力或實現某個願望，那將會是什麼？」

心理學家列出了四十八項願望清單，讓這些大學生任意挑選，而且可以複選。在這個清單上，有些願望專注現實生活，比如處於熱戀之中、有很多孩子，或是長壽；有些願望較魔幻，比如穿越古今未來的時空旅行、看透人心的讀心術、和上帝在一起，或成為拯救地球的超級英雄。遺憾的是，這些讓人心動神往的願望，最多只有二十到三十五％的男性願意選擇，也就是說，沒有任何一個願望有超過半數的男性選擇，除了一個例外。

超過六十五％的男性選擇了這個願望：「我想和誰發生性關係，就能和誰發生性關係。」換言之，男性對性伴侶的多樣化期盼，遠遠超過談一場轟轟烈烈的戀愛、穿越古今、擁有悠長的壽命和拯救地球等。

這項調查說明：性伴侶的多樣化是男性的終極夢想。

隨後一項調查也得到了類似的結論。心理學家詢問未婚的美國大學生，在不同的時間尺度裡，希望獲得的性伴侶人數。在一個月之內，男性和女性一樣，都希望能有一位性伴侶；隨著時間拉長，男性和女性對性伴侶人數的期望開始出現顯著的差異。在半年之內，女性期望的還是一位性伴侶，男性則希望半年內能有四位性伴侶。隨著時間線延長，這種差距會愈來愈大：在一生中，男性希望擁有十八位性伴侶，而女性希望四至五位就足夠了。針對這點，美國男性並不孤單。心理學家把這項研究拓展至五十二個國家，也得到完全一致的結論——平均而言，全球男性一生中希望有十三名性伴侶，女性只希望有二．五個性伴侶。

根據第二章提到的親代投資理論，男性透過與眾多女性發生性關係而獲得的繁殖收益是顯而易見的，也就是藉由眾多後代來傳遞自身基因。雖然男性也能從一而終，只與一名女性生育眾多子女，但是，這個策略有兩個明顯的弊端：第一，女性漫長的懷孕週期會限制子女數；第二，子女的基因來源單一，缺乏多樣性，因此適應能力偏弱。因此，從古至今，男性一直偏好透過增加性伴侶來擴大後代數。

基於男性的這項偏好，不難得知男性的擇偶標準遠低於女性的擇偶標準。接下來，我們將從男性視角來看看男性的擇偶標準——這個標準之低，可能遠超過我們的想像。

男性審美的源頭：生育力

評價一處風景是否優美時，我們通常會鎖定一些特定線索，比如水源、植被、藏身處等。這些偏好其實是生活在熱帶大草原的遠古祖先，透過基因留在我們身上的印記，因為這些線索有助於我們獲得資源和躲避災害，從而生存繁衍。同樣地，男性對女性的審美觀，反映的也是人類在演化過程中女性的繁殖價值。

男性祖先透過兩類外在條件來辨別女性的繁殖價值。一類是外貌特徵，例如豐滿的嘴唇、清澈的眼睛、光潔的皮膚、亮澤的頭髮、靈巧的身體和勻稱的體型。嘴唇飽滿、眼睛大、顴骨薄、下巴小、顴骨高、嘴與顴骨的距離短等，都是女性化臉孔的特徵，而女性化的臉孔意味著與生育有關的雌性激素和卵巢

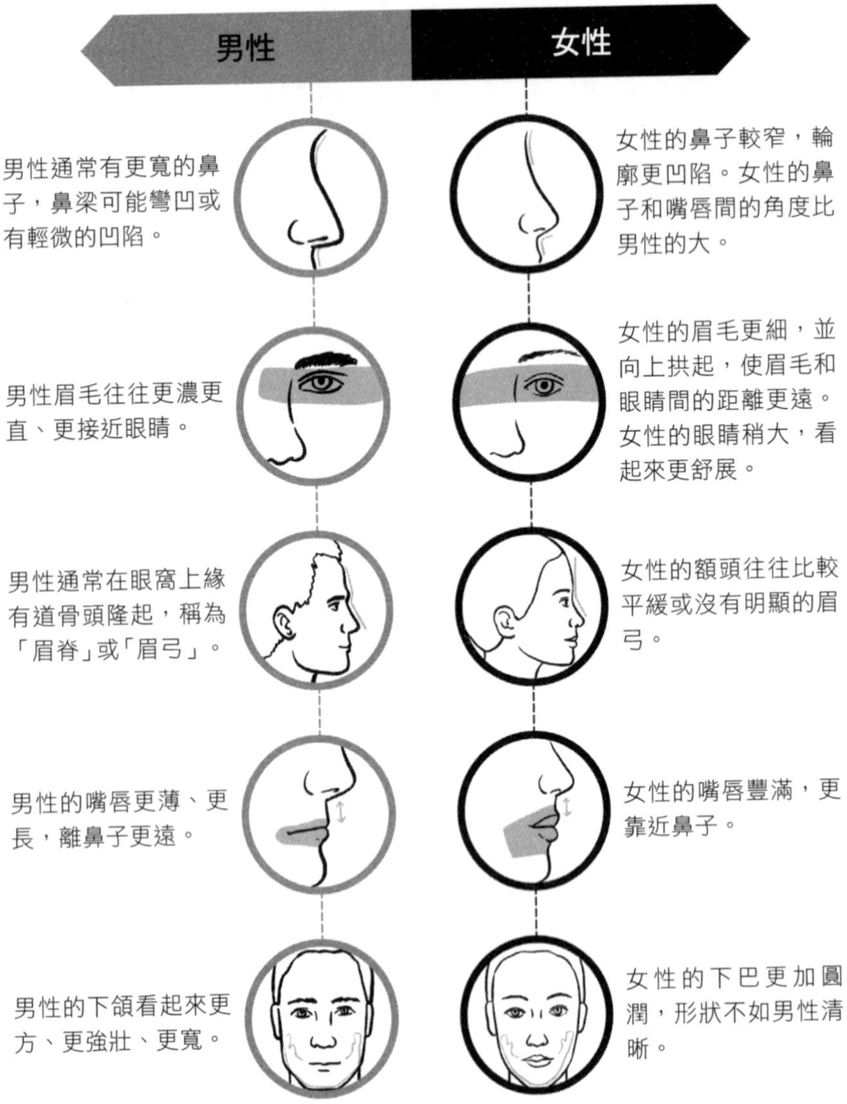
男性
女性
男性通常有更寬的鼻子，鼻梁可能彎凹或有輕微的凹陷。
女性的鼻子較窄，輪廓更凹陷。女性的鼻子和嘴唇間的角度比男性的大。
男性眉毛往往更濃更直、更接近眼睛。
女性的眉毛更細，並向上拱起，使眉毛和眼睛間的距離更遠。女性的眼睛稍大，看起來更舒展。
男性通常在眼窩上緣有道骨頭隆起，稱為「眉脊」或「眉弓」。
女性的額頭往往比較平緩或沒有明顯的眉弓。
男性的嘴唇更薄、更長，離鼻子更遠。
女性的嘴唇豐滿，更靠近鼻子。
男性的下頜看起來更方、更強壯、更寬。
女性的下巴更加圓潤，形狀不如男性清晰。

圖 1-10 女性與男性的臉部特徵差異

激素的濃度較高。光潔的皮膚代表她沒有感染寄生蟲或皮膚病，暗示她可能擁有可抵禦疾病和感染的優質基因或良好的成長環境。另一個暗示年輕和健康的線索是頭髮的長度和髮質——年輕女性通常比年長女性的頭髮更長、髮質更好。最後，前文提到的腰臀比〇．七，更是生育力的最佳指標。

另一類線索是行為特徵。輕盈的步伐、生動的表情和充沛的精力等，都是年輕的象徵。例如，腿長不僅具有生物力學上的效用，讓步伐變得輕盈敏捷，一項針對近萬名中國女性的調查也發現，腿長的女性擁有更多後代。這也許能解釋為什麼女性喜歡穿高跟鞋，因為穿上高跟鞋，能讓她們的腿部顯得更修長。

這些美的線索已深深鐫刻在男性的大腦之中。心理學家阿哈倫（Itzhak Aharon）與埃特考夫（Nancy Etcoff）採用功能性核磁共振成像技術，研究異性戀男性在觀看美女照片時大腦的反應。他們發現，男性大腦的依核變得非常活躍。依核是人類獎賞迴路的重要組成，是大腦的快樂中樞——當人吸毒、酗酒、收到金錢，依核都會啟動。換句話說，當男性看見美女，大腦的獎賞中樞依核就會發出獎賞的信號，讓人沉醉在快樂之中。這正好印證了詩人席慕蓉在〈酒的解釋〉詩作中，把美女比作酒：「如果你歡喜／請飲我／一如月色吮飲著潮汐／我原是為你而準備的佳釀。」有趣的是，當這些男性觀看長相普通的女性、帥氣的男性或者長相普通的男性時，他們的依核靜若處子，完全沒有啟動。

更有趣的是，當心理學家明確地告訴這些男性，照片裡女性的沙漏形身材是透過抽脂手術所打造，並非純天然，男性的依核仍然會啟動。由此可見，男性是純粹的視覺動物，因為當前的視覺表象已蒙蔽了他們尋找美女的初心。

那麼在眾多的視覺特徵中，什麼特徵更為重要呢？

為了回答這個問題，心理學家讓男性觀看一張女性的圖片，但是該女性的頭部和身體分別被兩張卡片遮住，男性只能移走其中一張卡片，並根據顯現的身體資訊，決定自己是否要與這名女性約會。

那麼男性究竟會選擇看女性的臉，還是她的身體？結果發現，男性的動機會影響他們的選擇。那些尋找短暫性伴侶的男性，通常會移走下面那張卡片，根據女性的身材來決定是否要約會；那些尋找長期伴侶的男性，則會移走上面的卡片，選擇看女性的臉蛋。這個研究顯示：與其說男性有審美標準，不如說男性的審美標準是為其目的所服務，即性伴侶的多樣化。而這一點，在「零點效應」裡得到最完美的詮釋。

圖 1-11 選臉蛋還是選身體？

零點效應：性的可接觸性

心理學家在一個單身酒吧裡，邀請男性顧客分別在晚上九點、十點半和十二點（午夜零點）針對酒吧裡女性顧客的魅力評分。心理學家發現，隨著時間推移，男性對女性的魅力評分逐漸增加，最後在午夜零點達到最高值。愈接近零點時刻，男性對女性的魅力評價愈高，這個現象被心理學家稱為「零點效應」。

零點效應與男性喝了多少酒沒有關係——不管是喝了一杯還是六杯，男性對女性魅力的評價都會隨時間的推移而上升。男性之所以認為女性愈來愈有魅力，並非因為喝醉了，而是他們覺察到獲得女性的機會正在流逝，焦慮的壓力迫使他們逐步放寬對女性的審美標準。

我們可以想像這樣的場景：男性有如遠古狩獵的祖先一樣，隨著黑夜逐漸降臨，如果還沒有獲得女性青睞，那麼他就註定兩手空空而歸，今夜必然孤枕難眠。此時如果放寬標準，原來不起眼的獵物也會變得誘人，這種心理的轉變促使他主動接近早先忽略的女性。

所以，零點效應的本質，是男性對於性行為的易得性做出的妥協。從這個角度上來說，男性的擇偶標準並不像女性的擇偶標準那樣有原則，而是充滿了彈性（妥協）。在理想中，男性希望性伴侶愈多愈好，但在現實中，性的可接觸性十分有限。當理想和現實發生衝突時，男性所做的不是改變自己不切實際的預期，而是降低自己的擇偶標準。也就是說，男性並非在擇偶上沒有標準，而是為了多樣化的性伴侶和性的可接觸性，男性可以隨時拋棄自己的擇偶標準。

可能有男性會質疑：誰的內心沒有一絲不切實際的幻想呢？現實中大多數男性不都只有一個女朋友或妻子嗎？誰不是循規蹈矩、合乎社會規範？的確，現實中的男性不像他們在願望清單或者單身酒吧裡，表現出對性伴侶的強烈渴望。這背後的原因並非男性自律，而是因為女性沒有給他們機會。一旦女性給了男性這個機會，可以想像男性在現實中的表現會更加渴望、更加強烈！

有項在美國佛羅里達州一所大學進行的實地實驗，清楚驗證了這個猜測。心理學家讓一位美女在校園裡隨機搭訕男學生，並說：「我在校園裡見過你好幾次了，我覺得你非常吸引我，你願意今晚和我做愛嗎？」有七十五％的男性會非常乾淨俐落地回答：「好！」而剩下二十五％拒絕邀約的男性，並非美女不符合他們的擇偶標準（「你不是我喜歡的類型」）或道德約束（「我已經有女朋友了」）作祟，而是他們真的有不能歡度春宵的理由，例如「明天要考試，我必須準備考試」、「我的父母或者未婚妻正在學校」等。當美女追問：「如果明天沒有考試，你願意和我做愛嗎？」這位男性會毫不猶豫地說：「當然願意啦。」

與此形成鮮明對比的是，當這位美女說：「我在校園裡見過你好幾次了，我覺得你非常吸引我，你願意今晚和我約會嗎？」只有五十三%的男性說願意，遠低於願意做愛的男性之比例。可見對男性而言，與美女約會不是收益，而是為了上床不得不付出的成本。

有趣的是，當一名帥哥以同樣的問題搭訕女學生時，願意與帥哥約會的女性有四十七%，但願意與帥哥做愛的，是零。是的！沒有任何女大生願意和陌生帥哥上床。事實上，無論是短期性伴侶還是長期戀人，女性在擇偶上都有不可動搖的原則。

當心理學家讓男性列出對配偶的期望時，男性列了六十七項之多。在這眾多的標準中，「性的可獲得性」無疑處於至高無上的地位。事實上，為了獲取女性，剩餘六十六項標準均可放棄，包含女性的魅力、健康、學歷、慷慨、誠實、獨立、善良、聰明、忠誠、幽默感、友善、財富、責任心、自發性、合作精神和情緒穩定等美好特徵。因為男性清楚知道，只有放寬這些標準，他才可能獲得更多的性伴侶。

男性的噩夢：承諾

儒家經典三禮之一的《儀禮》提出：「婦人有三從之義，無專用之道。故未嫁從父，既嫁從夫，夫死從子。」這就是中國古代封建社會用於約束婦女的行為準則與道德規範的「三從」。既嫁從夫就是要求妻子「嫁雞隨雞，嫁狗隨狗」，把女性當成男性的附庸。但有諷刺意味的是，一旦女性對男性說出「生是你的人，死是你的鬼」時，心理學研究顯示：男性此時的感覺不是欣慰，反倒是恐慌。因為男性在兩性關係上，最典型的行為就是迴避承諾。

心理學家研究了男性和女性的性後悔，後悔這種情緒可提升將來的決策，從而避免相同錯誤再次發生。性後悔一般產生自兩種行為：錯過了性交的機會，或採取了性行為。研究發現，男性對於錯過性交機會比女性更加後悔，其經典句型是「如果我再努力一點，說不定就能和她上床了」、「錯過和她上床的機會，我真想揍自己一頓」；而女性更容易對已發生的性行為感到後悔，真心希望自己從沒做過這件事。但是，有個例外：四十六％的男性回報，他們也曾對發生過的性行為感到後悔，究其原因只有一個——女性希望發展長期關係。由此可見，男性的性後悔充分體現了男性希望獲得更多性伴侶，同時避免捲入長期關係的願望。

以上是針對未婚男性。那麼對於已婚男性，又有什麼恐懼時刻呢？心理學研究顯示，一名已婚男性至少有兩個恐懼時刻。

第一個恐懼時刻是在結婚前一晚，因為這個時刻象徵他從「性自由」的人變成「性約束」的人。西方國家有個專門為男性在婚前舉辦的告別單身派對（bachelor party），這樣的派對不免顯現出男性和女性在結婚前夕的心態大有不同——男人感嘆以後再也不能自由自在，女人則憧憬這個男人成為未來終身的託付。

已婚男性第二個恐懼的時刻是孩子出生。因為此時男性不再是獨立個體，而必須要為親代投資，即必須承擔撫養孩子的責任。這時男性不能再有「一人吃飽全家不餓」的單身漢心態，必須在外打拚，贏取足夠資源維持家庭並供孩子健康成長。因此我們常說，這是個「靠爸的社會」，而不是「靠媽的社會」。如果說發生性關係讓女孩成為女人，孩子的出生則讓男孩成為男人。

這兩個時刻之所以讓男性恐懼，是因男性必須在這些時刻做出長期承諾。結婚時，男性需要做出不再追求其他女性的承諾，放棄性自由；小孩出生時，男性需要做出為家庭提供足夠資源的承諾，為了「我們」而放棄「我」。

這兩個承諾與男性追求多樣化性伴侶、最大限度的傳播自身基因的生物本能，產生最直接的衝突，所以男性會恐懼，導致逃避承諾。

馬斯洛的需求理論指出：人類行為最原始的驅力，來自最底層的性驅力，即佛洛伊德的「生本能」。人類對性的需求，是千萬年演化刻在我們基因裡的印記，其強度遠遠超過對安全的需求、對愛與歸屬的需求、對尊重的需求，以及對自我實現的需求。所以，對於把不願做任何承諾的「花花公子」變成負責任、有擔當的「家庭支柱」，無論是超我的譴責還是前額葉的自控，作用都非常有限，因為追求多樣化性伴侶的驅力，是來自男性基因裡的渴望與吶喊。

然而令人驚奇的是，在現實生活中，大部分男性選擇了結婚生子，並且多數男性沒有在婚後出軌。此時，約束男性性驅力的，不是道德的力量，而是女性的反制。

男性的阿基里斯之踵：處女情結

演化心理學家為了說明演化對我們行為的影響，向質疑者提出這樣的問題：「誰會為自己的孫子／孫女留下更多遺產？A爺爺；B奶奶；C外公；D外婆」。

答案是外婆。心理學家請大學生以三種條件評估爺爺、奶奶、外公和外婆：在成長過程中，與他們的相處時間、收到的禮物及親近程度。結果顯示，平均而言大學生與他們的外婆最親近、相處時間最長、獲得的禮物也最多，其次是外公，然後是奶奶，而爺爺與他們的關係最為疏遠。簡而言之，在這三種條件下，他們對外婆的評價最高，對爺爺的評價最低。在其他國家和其他種族也得到類似的結果。對應這項調查，爺爺奶奶輩對孫子／孫女的感情也是如此，例如當孫子／孫女去世時，平均而言，外婆是最傷心的，爺爺的悲痛程度則最低。

為什麼會有如此顯著的親疏差異？

母親為後代提供的不只是卵細胞，還有受精卵成長為嬰兒所需的子宮。因此，母親百分之百「確信」孩子是自己親生的。這裡強調「確信」，是因為母親不需要進行任何驗證，就能確定這份母子關係；而父親即使在基因定序的幫助下，也無法「絕對」確認父子關係的真假。男性無法排除這樣的可能性：妻子生下來的小孩，有可能是她出軌、和別的男性所生。把這樣的關係從二代推到三代，就只有外婆能百分之百「確信」孫子／孫女一定是自己的。既然如此，無論在情感還是資源上，外婆一定會給予孫子／孫女更多。同樣的邏輯，留下資源最少的必然是爺爺，因為他不僅不確定兒子是不是親生的，更不確定兒子生出來的孫子／孫女是自己的。

我們將這個邏輯推廣到近親，就不難理解為什麼「外甥似舅」了。「外甥似舅」有兩層含義：表面上是指外甥和舅舅長得很像；深入探討，它是指舅舅會對外甥特別好，甚至可能比孩子的父親還要親。因為舅舅「確信」他妹妹或姊姊生的小孩，也帶有他的基因。但是，兄弟之間的孩子，即叔侄關係顯然沒有這麼親密。

父子關係的不確定性不僅是人類男性的困擾，也是採用體內受精的雄性動物普遍的困擾。例如，動物界的模範夫妻：伯勞鳥。有句形容戀人離別時不捨的成語叫「勞燕分飛」，來自南北朝的詩〈東飛伯勞歌〉：「東飛伯勞西飛燕，黃姑織女時相見。」勞燕分飛的「勞」就是伯勞鳥。人們用伯勞鳥來形容戀人，是因牠們有非常忠貞的一夫一妻制，相親相愛，至死不渝。

但事實並非如此。生物學家用現代的基因比對技術，鑑定伯勞鳥父子間的血緣關係，發現儘管伯勞鳥是一對一對地生活在一起，牠們的性夥伴卻不是唯一——無論是雄或雌伯勞鳥，出軌都是常事。人們之所以誤認為牠們之間忠貞不渝，是因為我們根本就分不清鳥的長相，無法辨別鳥窩裡究竟是原配還是第三者。生物學家進一步發現，對於一對一配對生活的動物，無論是鳥類還是野鼠、猿類、狐狸等，牠們的後代有十到七十%並非「家中男人」的種。

這就是男性的阿基里斯之踵：妻子剛生下的可愛小寶寶究竟是不是我的？如果男性把資源誤投入其他男性的後代，將是極大的損失——畢竟這些資源本來是留給自己孩子的。所以，皇帝的後宮裡只能有太監，而對於普通男性，只能癡迷於貞操。這就是男性的「處女情結」。

所謂處女情結，並不是原始社會對處女膜的崇拜，也不是封建社會把女性作為商品的標誌。處女情結是男性獨有的心理現象，反映的是父子關係不確定性而導致的焦慮。處女情結在全世界均是如此，即使是美國，隨著女性經濟獨立，女權運動的興起，男性對女性貞潔的重視程度有所下降，但這仍是男性「非常想要，但非必需的」條件。更重要的是，男性把對婚前貞潔的重視轉移至對婚後忠誠的重視。在一項研究中，美國男性將未來配偶的濫交行為視為最令人討厭的情況，而把誠實和忠貞視為最重要的條件。

女性顯然也意識到這點。心理學家觀察，母親傾向於說新生兒和父親長得更加相像，提高父親對父子關係的確定。事實上，根據遺傳定律，嬰兒會有一半的機會更像母親，一半的機會更像父親。但在現實生活中，有八十一％的母親認為孩子更像父親；同時，六十六％的女方親屬也這麼認為。

從演化的角度，男性出軌是為了最大化繁殖的效益。那麼，女性為什麼會出軌？她們這麼做的收益是什麼？

女性的對抗：紅杏出牆

從演化的角度研究兩性關係容易產生盲點，即過度關注男性藉由短期擇偶而獲得巨大的繁殖效益。事實上，有個簡單的數學原理是：男性和女性參與短期擇偶的人數必然相等——當一位男性與一位陌生的女性發生性關係時，這位女性也正與一位陌生男性發生性關係。這就是兩性關係的作用力與反作用力。

在遠古，如果女性總是拒絕短期性伴侶，男性也就不可能演化出對性伴侶多樣性的強烈欲望；在現代，二十到五十％的已婚美國女性承認發生過外遇。所以，女性並不是只追求一對一的長期伴侶關係。

那麼，有趣的是：女性從短期擇偶中得到的收益是什麼？

親代投資理論指出，男性在子代上只有極少的投資，而且習慣性出軌以尋求性伴侶的多樣化。如果女性放縱男性的這個習性，那麼在子代上投資龐大的女性將面臨鉅額虧損，甚至自己和子代的生存也會有問題。但女性清楚知道自己具有一個無可比擬的優勢，那就是女性百分之百確信孩子一定是自己的，所以不需要有「處男情結」。女性更進一步將此作為武器，以捍衛自己作為投資子代大股東的權益。

她們的具體行動，就是「紅杏出牆」，因為這件事至少會為女性帶來四大好處。

第一，女性可以透過短期性行為獲得有形和無形的資源。當一名女性和多名男性發生性關係，她可以從這些男性身上獲取更多的食物、金錢以及安全保護。同時，透過和高社會地位的男性交往，女性還可以提升自己在同伴中的地位等級，接觸到更上層的社交圈。

更進一步，女性可以藉由混淆孩子的父親身分，讓多名男性認為自己是孩子的父親，從而獲得更多資源。為達到這個目的，人類女性具有靈長類動物中一個非常罕見的生殖特性，即人類女性的排卵期非常隱蔽。雌黑猩猩處於受孕期時，牠的生殖器會腫脹並呈鮮紅色，同時散發出強烈氣味以吸引雄黑猩猩。而人類女性的排卵期撲朔迷離，男性無法確認女性是否處於受孕期，因此無法確認自己的父親身分。所以，女性只需要讓男性確信孩子是自己的後代，男性就會提供資源。有個典型的例子，就是戰國時期的呂不韋將寵妾趙姬獻給在趙國做人質的秦國王子異人（後成為秦莊襄王）。趙姬十個月後產下一子，即後來的秦始皇嬴政。傳說無論是莊襄王還是呂不韋，都認為嬴政是自己的兒子，於是一個把王位傳給他，一個鞠躬盡瘁，為其散盡家財、征戰天下。也許連趙姬也不知道嬴政究竟是誰的兒子，但她成功讓莊襄王和呂不韋，都相信自己是嬴政的父親。

第二，短期性伴侶可以為女性後代帶來與固定性伴侶不同的基因，從而提高後代基因的多樣性。例如，假設女性的配偶攜帶某種致病基因，那麼這種基因可能會導致這個家庭所有的孩子在未成年時死亡，使得女方的基因也無法傳遞。而基因多樣性能非常有效地抵抗環境變化，提高女性後代的存活率。

女性多重性伴侶的遺傳效益不限於此。例如，性感兒子假說指出，當女性與一名陽剛、自信、幽默的男性發生性關係，那麼她很有可能生出具有同樣特質的兒子。將來，她這個具有陽剛、自信、幽默特質的兒子，也可能吸引到更多女性，生育更多子女；即這名女性將會有更多孫子、孫女。這個性感兒子假說在當下的「飯圈文化」（即粉絲）裡，體現得淋漓盡致。根據二〇一七年發布的中國粉絲報告，在活躍粉絲中，女性占六十九．四％；對於男性偶像的粉絲，這個比例高達八十五％以上。在女性粉絲給出的迷戀理由中，人格特質、影視表現和顏值是最主要原因，分別占五十四％、二十六％和十四％。

第三，出軌還可以成為女性更換配偶的策略。儘管婚前山盟海誓，婚後丈夫不僅可能會將他的資源用於賭博、吸毒或者其他女性，甚至可能虐待妻兒。

這個時候，他作為配偶的價值就大幅下降。因此，女性發生婚外情有助於她評價另一名男性作為長期伴侶的潛力，即這名男性是否是一位願意花時間和她相處的人，他是否事業更成功、經濟更富足。心理學家格拉斯（Shirley Glass）研究了包含「找樂子」、「提升職位」等十七種女性出軌的理由，發現女性把愛情（如「愛上其他人」）和情感親密（如「他能理解你的處境」）列為最重要的理由——七十七%的女性把這兩點列為發生外遇的最重要原因。

第四，女性還可透過出軌來操縱配偶。就像金庸在小說《天龍八部》裡描寫段王爺的王妃刀白鳳一樣——當她發現段王爺與其他女性藕斷絲連時，她藉由和乞丐的出軌來報復。大量研究顯示，報復是防止男性進一步出軌的有效手段之一，因為男性為了留住妻子，會變得更加忠誠。同時，當花心的丈夫感覺到其他男性對自己的妻子虎視眈眈時，更能感受到妻子的性吸引力。此外，可能失去妻子的不安全感，會讓男性花更多時間留意妻子，以及用更多資源來打動妻子。

不同於男性出軌的主要目的是傳播自己的基因，女性出軌的目的既有生理因素，更有心理和社會的動機。在生理層面，是資源獲取和遺傳效益，是女性為了更妥善地傳遞自己的基因；在心理和社會層面，是操縱和更換配偶，是對出軌男性的報復和制約。所以，女性的出軌較偏向是對男性出軌的堅決回擊，是兩性的博弈。

然而，這是種零和博弈。男性的出軌行為和對承諾的避免，迫使女性不得不透過出軌來獲得生存的資源。而女性的出軌，使得孩子的父親身分更加撲朔迷離，於是男性更不願意在孩子的養育中投入資源——在這種環境下出生和成長的孩子，必然缺乏成長所需的資源和關懷，孩子更容易夭折，導致無論是男性還是女性的基因都難以延續，最後兩敗俱傷。如此的博弈使得一方的收益必然意味著另一方的損失，於是只有輸家，沒有贏家。

為了避免零和博弈，聰明的人類發明了一種人類所獨有、強制性的契約，這就是婚姻。

破壁：婚姻制度

婚姻是所有人類制度中最古老、最普遍的制度。在人類文字記錄中的首次婚姻儀式，發生在西元前二三五〇年兩河文明的誕生地——美索不達米亞。但在更早的原始社會，人類跟其他動物的生活方式沒有本質上的區別——他們在森林和平原遷徙、定居和繁衍，男女自由性愛，沒有法律或道德的約束。

圖 1-12《吉爾伽美什史詩》中杜木茲與因南娜的婚禮。《吉爾伽美什史詩》是來自美索不達米亞的英雄史詩，它是人類歷史上已知的第一部文學作品，以楔形文字刻在泥版上。

關於婚姻的起源，其中多少有些神話的痕跡。在中國，據傳是華夏民族的創世神伏羲創造了婚姻制度，開創男聘女嫁的婚俗禮節，結束了子女只知其母不知其父的原始群婚狀態；在古埃及，婚姻的出現歸功於埃及第一王朝的開國國王、法老統治時代的開啟者美尼斯；在古希臘，婚姻制度則是由傳說中半人半蛇的雅典首任國王凱克洛普斯所創建。在這些神話傳說中，婚姻都與至高無上的「大人物」連在一起，因為婚姻儀式既是慶祝男女的結合，更是受法律保護的契約簽訂儀式。

作為契約一方，男方提出的條件是：第一，女性在婚前貞潔，即在結婚前沒有與任何男性發生過性關係。第二，也是更重要的，女性在婚後要保持忠貞，不能出軌。

而契約的另一方，女方提出的條件是：第一，男方必須參加一個儀式性的典禮，即婚禮，向社會公開宣布他放棄追尋其他性伴侶的行為。在西方，婚禮通常在教堂舉辦，以宗教的力量來約束男性的性本能。第二，男性必須承擔為家庭提供資源的責任，包括住所、食物、孩子成長的資源等。例如，德國法律規定，丈夫的工資每月要按一定比例匯入全職妻子的帳戶。離婚時，英國女性至少可獲得一半的房產權，日本女性可以無條件獲得七十％的房產權，而法國、德國、荷蘭、比利時等國的女性基本上可完全獲得房產權。

婚姻契約在很大程度上解決了男性對「女性背叛」的焦慮。例如，婚姻中的男性有了繁殖優勢——丈夫對妻子有百分之百性的可接觸性。如果妻子在生理週期與丈夫多次發生了性接觸，那麼懷上丈夫的孩子的機率就會大大增加。另一方面，由於婚姻受法律和道德的保護，其他男性對其妻子的性的可接觸性理論上就變為零。這也增加了父子之間的確信程度，同時降低男性之間的爭鬥。

同時，婚姻契約也解決女方對「男性逃避承諾」的焦慮。首先，丈夫有義務、有責任把獲取的所有資源用於家庭，以保證妻子的生存和孩子的成長。在現實中，我們還能看到丈夫把每個月的工資上交給妻子的傳統。其次，婚禮的公開儀式使得其他女性知道，該男性已經沒有額外的資源用於其他女性和孩子。於是，該男性對其他女性的吸引力就會驟減。

更重要的是，婚姻不是個人的私下承諾，而是受到社會道德和法律保護的契約。婚姻的社會功能，是維繫男女關係的公共紐帶，它清楚表明誰是誰的配偶。這種關係的外顯，不僅體現在法律文書上，還體現在西方婚後戴結婚戒指的習俗。婚戒象徵忠誠：這個人已經結婚了，除了其配偶，其他人不能再和他／她發生性關係或分享他／她的資源。事實上，在美國尋找短期性行為的酒吧裡，一旦男性或女性戴上了婚戒，就不會有異性前來搭訕。此外，婚姻是維繫感情的紐帶，婚姻中兩人長期待在一起，使他們更加深入瞭解對方的個性，更難掩蓋自己的背叛。

於是，婚姻制度完美解決了男性與女性的零和博弈，使得人類社會能夠平和地不斷繁衍、發展。英國中世紀神學家傑瑞米．泰勒（Jeremy Taylor）感嘆：「婚姻是世界之母，它保護著王國，填滿了城市、教堂和天堂。」

結語

廣告商深刻洞悉男性對年輕美女的偏愛，並將此推向極致。主攻男性的雜誌《花花公子》，每月都要由高階攝影師拍攝六千餘張美女的照片，但只從這些照片中挑選幾張印刷出版，所以男性在雜誌上看到的照片，通常是最漂亮的女性擺出最誘人的姿勢。以現在的審美觀來看，遠古社會的男性窮其一生見的美女人數也許一隻手就能算出來；而在現代社會，由於網際網路的出現，全世界各種雜誌精挑細選的美女瞬間出現在男性眼前。對比身邊脂粉未施的伴侶，男性的責任感與性喚起感，無疑降到了史上最低點。

避孕技術的發明與女性收入的增加，讓女性得以擺脫對男性資源的依賴，從而獲得獨立與自由。女性從男性眼中的獵物，變成了獵人。「性解放」讓女性重新審視自己的生活方式並釋放欲望。心理學家羅伯特・史密斯（Robert

Smith）說：「從生物學來說，具有諷刺意義的是，如果歷史上的女性總是拒絕其他男性的性邀約，那麼男性永遠不可能擁有混亂的性生活。」

在神聖的婚禮殿堂，戀人吟誦的「相愛相敬不離不棄，直到死亡把我們分離」的誓言可能終是曇花一現，成為歷史的產物。從演化的角度看，「忠於人品」也許只是傳說。

不過，人不僅有生理需求，更有情感上的依戀。基因帶來的繁殖驅動力，只是代表了演化在我們身上的痕跡，並不能決定我們的現在或指引我們的未來。在演化心理學的每項研究中，除了整體的趨勢，我們更應該看到個體差異：男性並不是都沉迷於性，女性也沒有總是渴求男性的資源。作為人類，我們是被大腦驅動的、屬於動物但超越動物的新物種。所以，人品對我們而言，遠勝過一時的快樂；而長期伴侶的水乳交融，遠勝過露水夫妻的歡愉。

當我們明白這件事，並身體力行時，「我」就成長為「我們」。於是，在宗教或法律的見證下，我們正式進入兩人的世界：婚姻。

PART 2

兩人的世界

第4章

安於陪伴：婚姻的本質

一九七一年，有位浪漫的美國小夥子為自己的新娘寫了一首情詩，然後把它塞進漂流瓶裡，扔進了浩瀚的太平洋。

十年後有人在關島的海灘慢跑時，發現了裝在漂流瓶裡的情詩。這首情詩是這麼寫的：「當你看到這封信的時候，我可能已經是白髮蒼蒼的老人了，但我相信我們的愛情仍會像現在一樣鮮明。這封信可能要花上一週，甚至幾年的時間才能找到你……即使它永遠都到不了你的手中，我仍然銘記於心的是，我會不顧一切向你證明我對你的愛。——你的丈夫，鮑伯。」

於是這個人透過情詩上的電話，聯繫到十年前的新娘。當他把情書讀給她聽時，她竟然哈哈大笑，接著說：「我們早就離婚了。」

不僅平民如此，皇室裡王子與公主童話般的婚姻，也會以失敗而告終。一九八六年，剛嫁給英國王子安德魯的弗格森對外宣稱：「我愛他的智慧、他的魅力、他的外貌。我仰慕他。」六年之後，弗格森指責安德魯「行為極其粗魯」，宣布離婚。

絕大部分的人會結婚，但如果期望婚姻能像結婚誓詞裡說的「相愛相敬不離不棄，直到死亡把我們分離」，那就大錯特錯了。來自美國的資料顯示，八十％的人會離婚，只有二十％的人會堅持到最後。在中國，根據《民政事業發展統計公報》的資料，二〇一九年有九百二十七萬又三千對新人登記結婚，但這一年共有四百七十萬又一千對夫妻登記離婚。也就是說，民政局每接待的三對男女中，就有一對是來離婚的。更糟糕的是，將近三分之一的夫妻沒有和平分手，而是鬧上了法庭，等待法院判決。並且，這個情況愈演愈烈。從二〇一五年到二〇一九年，結婚率下降了二十六．七％，反觀離婚率則上升了二十一．四％。

學者葛尼斯有句反諷的話，將婚姻這個「圍城」描述得非常好：「我們活得更長了，但愛得更短了。」

離婚的原因很多。有的是因為小孩，有的是因為對方父母，有的是因為一方出軌，還有的是因為經濟糾紛……有種更悲觀的觀點認為，不斷攀升的離婚率，反映出人們責任感的普遍缺失和道德品質的下降，令成年人、兒童乃至整個社會都深受其害。

與其問夫妻為什麼會離婚，也許我們更應該問：「我們為什麼要結婚？」

如果我們用這個問題採訪任何一對準備結婚的戀人，他們一定會說：「我們之所以結婚，是因為我們深愛著對方。」事實上，針對全球的婚姻調查顯示，八十五%的人說，他們絕對不會考慮一個沒有愛的婚姻，甚至有相當數量的人說，他們願意為了愛而犧牲個人生活。這是因為他們都相信，「婚姻是愛情的結晶。」

但遺憾的是，「婚姻是愛情的結晶」只是個浪漫的錯覺。

婚姻：人類演化的副產品

在從古猿演化成人的過程中，人類在外型上有兩個非常巨大的變化：直立行走和大腦容量的增加。

大約七百萬年前，人類祖先聚居的東非大裂谷發生了很大的氣候變化——茂密的森林逐漸消失，人類祖先被迫從樹上下來、進入草原，從四肢著地行走，逐漸演變成兩條腿直立行走。直立行走不僅節省了行進時消耗的能量，還解放了雙手，讓我們能夠製造工具，提高效率。但為了保持軀幹向上挺直，也造成脊柱與骨盆結構的重構。最直接的結果是女性的骨盆變窄，產道變得扭曲，因此從史前人類開始，胎兒不得不透過扭曲又狹窄的產道來到世上，為女性的分娩帶來極大的困難。

雪上加霜的是，人類在演化中變得愈來愈聰明，有了語言、意識等高級心理和認知功能。與此對應的生理改變，是承載人類智慧的大腦體積不斷增加，現代人大腦容量是一千三百五十至一千五百毫升，這個體積是生活在三百萬年前南方古猿的三倍！換句話說，從猿到人的演化過程中，我們的頭變大了三倍。這樣一來，人類胎兒比其他哺乳動物要大許多的頭顱，使得分娩更加困難。

人類一方面透過演化變得更敏捷、更有智慧，從而更有效率；另一方面，人類面臨其他動物都沒遇到的新問題：分娩困境——嬰兒的頭太大，而女性的產道太窄，生不出來。

大自然解決這個問題的辦法就是縮短孕期，讓嬰兒提前來到世上。但這樣一來，新生兒的身體和大腦發育必然不足。以身體來說，嬰兒剛生下來時，不能睜眼也不能爬行——差不多到一歲左右才能開始站立和行走；但一隻剛出生的羚羊，一定要在數十秒內站起來並自由行走，否則會被視為身體有缺陷而遭遺棄。以大腦來說，人類胎兒的頭骨在出生前並未完全癒合定型，在通過產道時才能被擠壓而分娩出。人類的顱骨包含六塊骨頭，而胎兒的骨與骨之間留有縫隙，特別是頭頂前部（承載思維等高級認知功能的額葉所在）的縫隙，一般要在二歲左右才閉合，以便大腦充分發育、擴充體積。

如果人類胎兒要像其他哺乳動物一樣發育成熟才出生，他們需要在母體足足待上十八個月，而不是現在的九個月（三十八到四十週）。

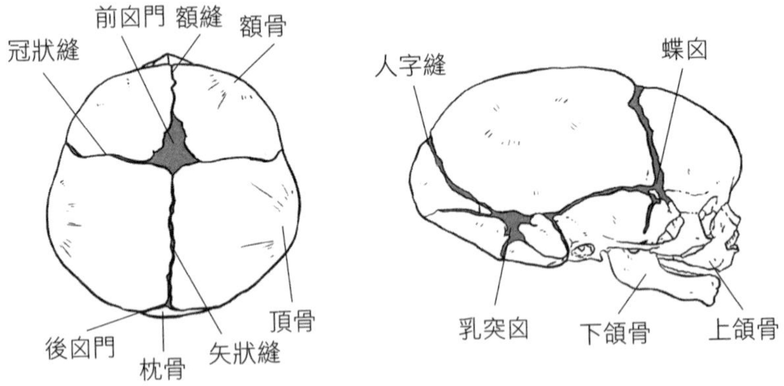

圖 2-1 新生嬰兒的顱骨。後囟門大約在出生後三個月閉合，前囟門會在二歲左右閉合。

不難想像，若胎兒在母體待夠一年半，那麼他／她的大小絕對不可能通過女性的產道。即使對於分娩九個月大的胎兒，女性也面臨難產死亡的危險：在醫學高度發達的今天，每天約有八百三十名女性因為懷孕和分娩期併發症而死亡，也就是說，每五分鐘就有三名女性因生育後代而死亡。但相較於一九九〇年，死亡率已經下降了四十四％。

因此，每個所謂足月出生的嬰兒其實都是「早產兒」。最基本的醫學知識告訴我們，早產兒需要一天二十四小時、一週七天不間斷、全方面地餵食、照料和關注。這個責任之重、之複雜、之煩瑣，會消耗作為母親之女性全部的時間和精力，使得她沒辦法獲取供應自己和嬰兒生存的資源。這時，女性和嬰兒只能依靠男性提供資源，才能生存下去。

這也是為什麼出軌是所有雄性動物的天性，但只有人類才有婚姻制度。婚姻制度不是對愛的慶祝與永恆化，而是為了滿足人類繁衍的必要條件。從這個角度來說，婚姻制度對男性而言，是一條鎖鏈，把男性綁定在女性和小孩身上，強迫男性必須為後代的繁衍投資和付出；對女性而言，婚姻制度則是一份保單，免除女性在生育和撫養後代時的後顧之憂。

從更宏觀的尺度上看，婚姻制度是人類擺脫獸性，走向理性的標誌——如果想讓基因傳遞下去，既不能像猴子一樣使用暴力、勝者占有女性，也不能像伯勞鳥一樣偷情出軌、竊取他人的資源，而是要簽署平等的社會契約。而社會契約，則是文明社會最根本的基石。所以，婚姻甚至成為經濟社會的必需品——在中世紀英國，即使學徒期滿，只要沒有結婚，就不能獨立開業。此時，婚姻外化成了能承擔責任、具有獨立行為能力的成人標誌。

婚姻制度的演變

隨著時代從原始文明邁入工業文明，婚姻的功能同樣發生了相應的變化。女性不再需要男性的資源也能獨立撫養後代，繁衍後代甚至不再是婚姻的主要目的——有些夫妻選擇了頂客模式，而同性婚姻與獨身主義在當今社會已非個案。

當繁衍後代這個作為婚姻的原動力消失後，婚姻究竟該何去何從？或許更值得思考的是：與過去相比，今天的婚姻變得更好，還是更糟了？

對於這個問題，通常有兩種截然不同的回答。持有婚姻消亡論觀點的人認為：婚姻其實已走向窮途末路。他們的證據是不斷攀升的離婚率——反映出人們在沒有繁衍和撫育後代的約束下，普遍的責任感缺失和道德品質的下降，使得社會的老齡化日益嚴重。與此相對的婚姻發展論則認為，離婚率升高正好說明婚姻制度更加尊重個人，尤其朝維護婦女權益的方向發展。男女平等，甚至性別平等，才是美好婚姻的基石。

究竟哪種觀點是對的？想理解婚姻何去何從，我們必須從時間的尺度上回顧婚姻的往世今生。

對於遠古的人類而言，除了死亡，沒有什麼東西是必然的。所以在原始社會，人類與其他動物的生活方式沒有什麼本質上的區別——他們類似獅群，以小社群為單位，在森林和平原上遊弋、繁衍。此時，交配權是社群裡男性爭奪的核心，社群地位高的男性獲取絕大多數社群內女性的交配權，並提供她們所需資源，所謂贏者通吃。

隨著農牧業的發展，遊牧社群逐漸定居，小社群演變成更穩定的大社群。由於女性與後代的天然血緣關係——孩子認得自己的母親，卻很少知道自己的父親是誰，女性因此掌握了後代的撫養權，並由此掌握了社群資源。同時，農牧業對體力的需求遠低於遊牧業的需求，女性逐漸成為生活資源的生產者和控制者。於是，男性被邊緣化，而「獅群」模式演化為以女性為主的定居部落，以及男性流浪、遊走穿梭於各定居點的「象群」模式，即走婚。在這種繁衍形式之下，女性握有繁衍的主動權，同時控制了社會財富的分配和傳遞。這在歷史上稱為母系社會。

農牧業的發展使得人類不用再從事危險的狩獵活動，還保障了食物的穩定來源。於是社群的規模迅

圖 2-2 亞馬遜的母系氏族

速擴張，演變成部落。原來不相鄰的部落開始搶奪地盤，競爭資源。此時，男性的爭鬥天賦使其重回社群的權力中心，父系社會由此取代了母系社會。由於這時部落的人口基數已相當龐大，部落首領不可能同時占有全部女性。並且為了維繫對眾多人口的統治，部落首領還需要與支持者分享權力與資源，於是部落內部開始產生家族式的壟斷性資源占有和分配。這時，男性和女性的結合除了繁衍後代，還具有在部落內形成穩定家族，在部落間形成穩定盟約，以及償還債務和戰爭賠款等功能。至此，作為契約的婚姻制度開始萌芽。

即使在後世，我們還是能看到婚姻的這些功能，比如中國歷史上與異族和親的王昭君和文成公主等。《婚姻史》一書的作者、歷史學家阿伯特（Elizabeth Abbott）表示，就算現代的蜜月旅行也是種公共事務——新婚夫婦與雙方父母、兄弟姐妹等一起旅行，從而加強雙方新建立的家族關係。

當婚姻具有穩定和增加資源的功能時，女性作為契約的一方，地位與貨物類似。古希臘男性有把妻子借給朋友的習俗；中世紀歐洲要求已婚女性放棄個人財富，並把財產所有權全都移交丈夫，離婚的女性則失去孩子的監護權。時至今日，即使在「一夫一妻」的現代婚姻制度之下，西方國家仍有讓妻子冠夫姓的習俗——這習俗來自英國法律對父系繼承權的強調，即妻子附屬於丈夫。

當「婚姻中的女性只是男性的附屬品」這樣的觀念出現時，男女之間的愛就只能是空中樓閣。雖然「愛」的概念在人類歷史上很早就出現，但它從來不是婚姻的理由。相反地，數千年來，愛一直被看作婚姻的絆腳石，因為它會不可避免地導致婚姻出現問題。在古希臘和古羅馬，如果有人說因為結婚而感到了愛，他們會認為這是一種瘋狂，是一種疾病。到了十二世紀，歐洲人既結婚也談戀愛，但是結婚和戀愛對象完全不同。他們結婚只是為了家族聯盟或繼承遺產等；戀愛則是未婚男性和已婚女性交往的社交遊戲之一，只發生在精神層面，不發生身體上的接觸，是柏拉圖式的戀愛。

歷史學家庫茨（Stephanie Coontz）在《婚姻簡史：愛情怎麼征服了婚姻》（*Marriage, a History: How Love Conquered Marriage*）一書中指出：「大多數社會都曾有浪漫的愛情——混合著激情、迷戀和將對方浪漫化。但是這些東西一旦涉及婚姻，就會變得不適。法國南部的貴族相信，真正的浪漫愛情只有在曖昧關係中才可能出現，因為婚姻是關乎政治、經濟和買賣的事情。只有捨棄婚姻才有真正的愛情。」

直到十六世紀末、十七世紀初，財富的累積讓婚姻作為利益交換的功能開始削弱。這時，歐洲人才開始出現把婚姻和愛綁定在一起的瘋狂想法，例如莎士比亞筆下，為了個人愛情而反對家族婚姻的《羅密歐與茱麗葉》。

愛與婚姻

一八四〇年二月十日，英國女王維多利亞與阿爾伯特親王舉行了盛大的皇室婚禮，他們的婚禮正好趕上工業革命帶來的現代新聞出版業蓬勃發展，因此，歐洲及北美的讀者都能看到這場盛典。

在維多利亞的婚禮之前，貴族新娘多是身著配以各種五彩繽紛、貴重寶石的晚禮服，再披上毛皮大衣以示尊貴身分。維多利亞則選擇了一條由白色綢緞製成、拖

圖 2-3 英國女王維多利亞與阿爾伯特親王的婚禮

尾長達十八英尺[1]的禮服，禮服邊緣處繡著被稱為「霍尼頓蕾絲」、手工紋織的荷葉邊。後世的婚俗研究者對於這件開創了西式婚禮標準服裝的白色婚紗如此評價：「從很久以前，白色對於新娘就是最適合、最無可挑剔的顏色，無論用什麼材質製成，它都是女性童貞與純潔的象徵，更是她那顆對如意郎君最無可保留的心。」

維多利亞女王的世紀婚禮是個分水嶺。

在這之前，是社會學家切爾林和歷史學家庫茨稱之為「制度式婚姻」的時代。此時，個體農戶是最普遍的家庭形式，女性對婚姻的訴求主要圍繞著食、住及免受暴力侵害等。當然，女性也樂於享受恩愛的夫妻關係，但這種親近只是婚姻運作良好帶來的額外福利，並非核心目的。

1　一英尺＝〇・三〇四八公尺。

維多利亞女王和阿爾伯特親王的婚姻雖是王室一手包辦，媒體卻宣稱它為「真愛的結合」，而非「權力的結合」。這是因為十九世紀工業革命興起，農村逐漸被城鎮所取代，雇傭勞動制讓男性掙脫了土地的束縛，離家外出去打工掙錢，女性因此成為家庭的主導者，即家庭主婦。此時，妻子便從丈夫的附屬品，演化成「男主外、女主內」的平等角色。

這個時期，新型的婚姻手冊及家庭主婦雜誌開始流行。這些出版物涵蓋了妻子職責的方方面面：女性角色的定位、打掃屋子和烹飪技巧等的指導、應對丈夫家暴

圖 2-4《房子與家庭：家庭主婦全指南》中的插畫。

的方法，以及對金錢的管理等。此外，它們還鼓勵女性追求文學創作等提升自身的素質。至此，把已婚女性培養成職業家庭主婦的學科——家政學誕生了。

在中國，清朝光緒皇帝於一九〇七年頒布了「女子學堂章程」。章程要求女性不僅要學習德操，還要學習持家必備的知識和技能。女子小學有手工、縫紉等課程，女子中學則有家事、園藝、縫紉三個科目——家事主要教授衣、食、住，以及伺候丈夫、育兒、經理家產等內容。一九一九年，北京女子高等師範學校（北京師範大學的前身）首開家政系，開始了家政學的高等教育。之後，燕京大學（後併入北京大學）、河北女子師範大學、東北大學、四川大學、金陵女子文理學院（後併入南京大學）、福建協和大學（福建師範大學前身）、輔仁大學（後併入北京師範大學）、國立女子師範學院（西南大學前身之一）、震旦大學（後併入復旦大學、交通大學等）等十一所大學相繼開設了家政系。

因為男性和女性在婚姻中的明確分工，女性開始逐漸獲得自由，並在家庭之外找到了受教育和技能培訓的機會，於是愛情對於女性也就成了一種可能的選擇。歷史學家阿伯特說：「以前的女性遭到家暴時，只能一笑而過或者默默忍受，現代女性可不願忍受惡劣的夫妻關係。」哈蘭德（Marion Harland）在一八八九年出版的著名婚姻手冊《房子和家庭：家庭主婦全指南》（*House and Home: a Complete Housewife's Guide*）中寫道：「沒有愛情的婚姻就像合法化的犯罪。不是基於互相欣賞和共同責任的婚姻是極其愚蠢的，其嚴重程度相當於犯罪。」

這段時期的婚姻模式被稱為「友伴式婚姻」，即婚姻的中心從維持生活的需求，逐漸轉向追求愛與被愛等親密情感和滿足性生活的需求。

有些女性試圖成為完美家庭主婦，也有些女性開始離開家庭，在紡織廠、電話局等機構工作。經濟上的獨立，使得她們在物資上不再依附於男性，從而開始獲得精神獨立，於是追求男女平等的女權運動開始興起。一九二〇年，美國通過女性擁有選舉權的法案後，婚姻制度開始產生戲劇性的轉變——在人類歷史上，每一個家庭首次由兩個獨立的公民組成，而非僅僅由兩個人構成。此時，愛情與婚姻緊密聯繫在一起——愛情在婚姻中的地位第一次超過了經濟的動機。

差不多同一時間，天然乳膠避孕套及相應的自動生產線，於一九一九年出現，使得避孕變得容易和普及。於是，女性不再因性愛而擔心懷孕。此時，女性終於擁有了自己的身體，並且可以根據自己的喜好選擇性夥伴。到了二十世紀六〇年代後期，美國禁止種族間婚姻的州法律被廢除；七〇年代，美國法律終於承認「婚內強姦」的概念。此時，婚姻不再是公共事件，而是私人關係。

從這個時候開始，婚姻就從「友伴式婚姻」進入「自我表現婚姻」的時代。婚姻中雙方更注重關係中的自我表達、自我尊重和個人成長。阿伯特評論：「婚姻帶給夫妻雙方的個人滿足感是很重要的。夫妻都希望對方能成為自己最主要的情感依靠。家就應該是愛情、激情、情感支持和兩性滿足的地方。」

從「制度式婚姻」到「友伴式婚姻」再到「自我表現婚姻」，過去二百多年婚姻變化的激烈程度，超過人類過去幾百萬年裡的婚姻演化——婚姻的目標從維持生活，演變成自我表達與自我實現。而後者是更難以企及的目標。

在富足的社會裡，能用錢解決的都不是問題，而且這些問題不斷減少。與此相對的是不能用錢解決的精神問題，而這些問題正日益增加。但是，對精神滿足的難度要遠遠大於對物質滿足的難度，這也是為什麼我們的錢愈來愈多，卻感到生活愈來愈不幸福。從這個角度上看，婚姻並沒有變差或者凋亡，只是夫妻雙方追求更高、更難的目標，所以更容易失敗。

人類並沒有走入婚姻的死胡同，婚姻仍是人們所能想到、對於承諾的最佳表達方式。只是承諾的內容由提供資源、保持貞潔等相對容易的目標，變成情感依靠與精神共鳴等更加困難的目標。由於現代人對婚姻的失望程度遠超過人類歷史的任何時候，因此離婚率的上升、獨身主義的盛行等是必然的結果。

什麼是愛：激情之愛與伴侶之愛

婚姻在人類的演化中，逐漸從以生存為中心演變成以愛為中心，婚姻品質達到了前所未有的理想水準。但是，愛在婚姻中的介入，有時不僅沒有增加婚姻的穩定性，反而帶來了不穩定——離婚率居高不下，失敗的婚姻比比皆是。一方面，以愛為中心的婚姻，要求雙方在與伴侶的相處中投入大量的時間和精力，事實上並沒有很多人能真正做到；另一方面，可能也更重要的原因，是我們根本不知道哪種類型的愛，能澆灌出成功婚姻的花朵。

什麼是愛？在任何一種語言中，我們都能找到「愛」這個詞。但是，在任何一種語言中，對「愛」都沒有清楚定義：從「我愛紅燒肉的味道」這種在感覺方面的喜愛，到「我愛梵谷的〈星夜〉」這種在知覺層面的喜愛，到「我愛正義」這種認知層面的喜愛，以及「我愛小芳」這種發生在情感上的喜愛。當「愛」這個在心理的所有層面上都有表達、但意義極其不清的詞，與婚姻連接在一起時，我們難免會糊塗，不知道究竟哪種愛才是婚姻真正需要的。

在婚姻中，有多種形式的愛，最常見的是浪漫式戀愛。浪漫式戀愛，也被認為是人類幸福的一大重要來源。

浪漫式戀愛可分成兩種類型，激情之愛和伴侶之愛。激情之愛，有如火山噴發，是一種極度的快樂和強烈的性吸引。當一對年輕人不顧一切、旁若無人地擁抱在一起，或感覺到深陷於愛戀之中而不能自拔時，或像英國詩人格雷夫斯（Robert von Ranke Graves）所描寫的「傾聽敲門聲的響起，期待對方做出表白」時，甚至是體驗心臟激烈跳動、雙手發抖、頭腦眩暈像在雲中飄浮時，這就是激情之愛。激情之愛並非始終充滿極度的快樂，它本身也像過山車一樣跌宕起伏：時而興高采烈，時而愁容滿面；時而心花怒放，時而花開荼蘼。佛洛伊德說：「再沒有比戀愛時更容易受傷了。」這裡說的戀愛，就是激情之愛。

伴侶之愛，是種深沉的情感依戀，像一對超級好朋友之間的友情——他們彼此有很深的信任，無話不談，充滿默契，一個眼神就是千言萬語，以及細緻的關愛、體貼的照顧。平和、穩定和溫馨，是伴侶之愛的特點。

影視作品和小說裡描寫的多是激情之愛，而不是伴侶之愛。因為年輕人通常認為，只有像樂府詩〈上邪〉中的「山無陵，江水為竭。冬雷震震，夏雨雪」這樣驚天動地的愛，才是婚姻所需要的愛。

但是，這種觀念是錯誤的。激情之愛會讓婚姻之花枯萎，只有伴侶之愛才能呵護婚姻走向長久。原因是這兩種形式的浪漫式戀愛，隨著時間流逝，有不同的發展路徑。

激情之愛會像火山爆發一樣，體驗到的幸福感強度急劇飆升，正所謂一見鍾情或「一日不見，如隔三秋。」閃婚通常發生在這個階段。「飄風不終朝，驟雨不終日。」浪漫愛情的高潮可能持續幾個月或者一、兩年，但從來沒有一種高峰體驗可以永久持續下去。等高峰體驗消退後，戀愛的雙方會開始困惑，為什麼再也感覺不到原來那種充滿激情的愛戀了？「是我們原本就不適合在一起嗎？」於是雙方開始抱怨對方：「為什麼你讓我再也感覺不到以前那種充滿激情的投入，是你變心了嗎？」從困惑走向懷疑，從懷疑走向指責，從指責走向爭吵，最後必然以離婚收場。研究顯示，結婚兩年的夫妻的情感體驗比他們新婚時少一半，而結婚四年時的離婚率最高。正如喜劇演員路易斯（Jerry Lewis）曾說：「如果你正處在戀愛之中，那在你一生中最為絢麗多彩的時間也就只有兩天半。」當幸福感到達頂點之後，會快速地下降，然後冷卻，最後到達冰點。

更糟的是，激情之愛的消退還像藥物成癮般產生戒斷反應。戒煙、戒酒或者戒毒並不能讓人回到初始狀態，而會激發強烈的戒斷反應：難受、抑鬱、厭煩等。這樣的「戒斷反應」也發生在激情之愛中——那些失戀的人、離異的人會吃驚地發現，雖然自己早已對另一方失去了強烈的愛戀，但是離開之後，竟感到生活如此空虛。他們仍過於關注那些已然不在的東西，而忽視他們擁有的事物。

金庸在《書劍恩仇錄》中借乾隆皇帝送陳家洛寶玉上的刻字，道出自己對感情的領悟：「情深不壽，強極則辱；謙謙君子，溫潤如玉。」即過於執著的感情不會持續長久，過於突出的表現勢必受到屈辱；君子應該如玉般溫潤沉穩，含蓄堅毅，不張揚卻自顯價值。在這裡，「情深不壽」所對應的愛就是激情之愛，而「溫潤如玉」指的是伴侶之愛。

伴侶之愛正如人與人交往到最後變成好朋友一樣，開始是一點點、慢慢地接觸，從陌生到相識，從相識到相知，從相知到相愛，最後從相愛到相隨。隨著接觸的時間愈來愈長，他們之間的感情也逐漸升溫，一點一點增長；他們之間的價值觀逐漸融合，變成共有的價值觀。

在現實生活中，常聽到這樣的傳說：在一起多年的夫妻，不僅眉目、表情、神色相似，他們的長相也會愈來愈相像，成為「夫妻臉」。美國密西根大學的心理學家研究了一千五百多對夫妻樣貌的相似性，結果發現這不是傳說，而是事實。

在這一千五百多對夫妻中，有的剛結婚，有的結婚已超過五十年。心理學家把不同結婚年數的夫妻照片混在一起，讓人們挑選最有夫妻臉的人來進行配對。人們根據相貌的相似度來匹配，結婚五年以內的夫妻的配對正確率接近隨機水準，也就是說新婚夫妻長得並不太像。但當結婚超過十年，匹配精確度會顯著提升，而且結婚年數愈久，匹配的精確度愈高，說明結婚愈久，夫妻會長得愈像。

心理學家解釋，「夫妻臉」這一現象是因為夫妻雙方生活在一起，有共同的生活經歷，如同時哈哈大笑、共同憤怒傷心，他們的臉部肌肉做著同樣的運動，日積月累，逐漸形成相似的臉部曲線、皺紋等，因此長相愈來愈相似。

更重要的是夫妻之間無意識的模仿。兩個人朝夕相處，會無意識模仿對方的臉部表情。這在心理學上稱為「變色龍效應」，即我們會不自覺地模仿別人。愈是親密的人，我們愈容易也愈願意模仿。

不僅長相，多年的夫妻因為類似的飲食，連腎臟功能、膽固醇指數及握力測試結果等生理指數，同樣隨著結婚年數的增長而愈來愈相似。於是，由心理到生理，再從生理又作用於心理，交互影響，最後夫妻愈來愈相似。

歲月就像一位雕刻師，把有著共同經歷的夫妻雕刻得越發相似。有著伴侶之愛的夫妻，正如一對多年的好朋友，怎麼捨得分手呢？所以，用伴侶之愛經營婚姻的夫妻，離婚率遠遠低於那些用激情之愛來維繫婚姻的夫妻。

包辦婚姻：他山之石，可以攻玉

當婚姻還作為契約時，父母有最終的決定權。《詩．齊風．南山》中便有：「取妻如之何？必告父母。既曰告止，曷又鞠止？……取妻如之何？匪媒不得。既曰得止，曷又極止？」意思是：娶妻該當如何？定要先告父母。既已稟告宗廟，怎容她再恣妄？……娶妻應當怎樣，少了媒人哪兒成。既然姻緣已結，為何由她恣縱？大儒孟子把這推向極致（《孟子．滕文公下》）：「不待父母之命，媒妁之言，鑽穴隙相窺，逾牆相從，則父母國人皆賤之。」所以「月上柳梢頭，人約黃昏後」這種浪漫的情調更多的是存在小說之中。

包辦婚姻並非中國的特色，西方也是如此。阿伯特描述了一個典型例子：在十五世紀的英國有場安排好的婚姻，女方的父親直到婚禮早晨才從待嫁的女兒中選出新娘。歐洲甚至把「父母之命」寫入法律。法國在一五五七年制定了第一部婚姻法令，要求結婚雙方必須取得父母的同意，否則將剝奪繼承權；英國在一七五三年制定的婚姻法對結婚規範進行了描述，其中包含家庭成員的明確同意。

進入十八世紀，全球化與第一次工業革命以史無前例的速度改變著世界。隨著雇傭勞動的發展，年輕人在經濟上獲得獨立，開始擺脫父母的控制。同時，從一六六〇年開始的啟蒙運動，大幅喚醒了個人的自由意識，年輕人開始行使「追求幸福」的權利。

此時，婚姻從公共生活走向私人生活，年輕人想在選擇未來伴侶上有更多的發言權，在他們眼中，婚姻是情感問題，而不是財務或家族問題。當這些思潮在二十世紀初傳入中國，掀起了轟轟烈烈的新文化運動。與舊式文化割席、與舊式家庭決裂的前線，便是包辦婚姻與自由戀愛之戰。歷史的潮流浩浩蕩蕩，這場鬥爭的最終結果是自由戀愛大獲全勝，而包辦婚姻在中國乃至全世界，基本上已經絕跡。

但是，包辦婚姻真的全錯了嗎？

在印度的齋浦爾地區，包辦婚姻與自由戀愛並存，於是心理學家古普塔（Umesh Gupta）和辛格（Prateek Singh）在這些村莊針對婚姻滿意度，展開了田野調查，究竟是自由戀愛的婚姻滿意度高，還是包辦婚姻的婚姻滿意度高？研究結果顯示，在初期，自由戀愛的婚姻滿意度較高。這個結果是必然的——自由戀愛因為愛而結婚，婚姻滿意度自然高，而包辦婚姻的夫妻在婚前並不認識，婚姻滿意度自然不會高。但是，在隨後兩年到三年裡，包辦婚姻的滿意度逐漸增加，而自由戀愛的婚姻滿意度逐漸下降。結婚五年之後，包辦婚姻的夫妻會認為他們愈來愈幸福，遠遠超過了自由戀愛夫妻的婚姻滿意度。

同樣地，新文化運動的先鋒中，魯迅、徐志摩、郁達夫、郭沫若等強烈反對包辦婚姻，踐行自由戀愛，而胡適、梁思成等則接納了包辦婚姻。如果你對他們的婚姻狀況進行個案分析，也會得到類似心理學家在印度調查的結論。

需要注意的是，這項研究並不是指包辦婚姻更好，而是相比自由戀愛，包辦婚姻並非更差。這是為什麼？

第一次結婚的年輕人並不清楚什麼是讓婚姻成功的因素，他們並不知道愛不是婚姻的全部，甚至對於什麼是愛，他們也充滿誤解——影視小說裡生離死別的激情之愛，被年輕人誤以為是真正值得結婚的戀愛。

但是，父母輩是知道的。馬克·吐溫說：「沒有一個人會真正理解愛情，直到他們維持了四分之一世紀以上的婚姻之後。」的確，父母已親身經歷至少一次實驗，所以他們明白激情之愛與伴侶之愛的區別，他們知道哪些是成功的因素，哪些是失敗的因素。當他們為子女選擇結婚對象時，會將自己成功與失敗的經驗考慮進去。於是，包辦婚姻未必會比戀愛婚姻差，如同第二春的婚姻滿意程度，平均而言遠遠高於第一段婚姻，因為再婚的人有了經驗。

華裔小說家哈金的著作《等待》（*Waiting*）獲得了美國國家圖書獎，書中描寫二十世紀七〇年代掙扎在包辦婚姻與自由戀愛之中的醫生孔林。孔林並沒有愛過父母為他找的妻子淑玉，長久以來，他和包辦婚姻的妻子分居兩地。自從孔林愛上了醫院的護士吳曼娜之後，他一直想與妻子離婚。這場婚離了十八年，因為每次淑玉都在上法院的最後一刻改變主意。直到法院規定，如果夫妻分居十八年以上，可以單方面離婚而不需要雙方同意，孔林才結束這場婚姻。自然而然，他與等了他十八年的吳曼娜一起生活。

儘管孔林等到了最後的勝利，但他並沒有感受到想像中的幸福——新的生活讓他煩躁而混亂，等他再度探望淑玉時，卻在那裡找到了久違的安寧與平靜。小說在這裡戛然而止。

現在的婚姻模式已從「父母之命，媒妁之言」的「制度式婚姻」演化到自由戀愛的「自我表現婚姻」。這是人類的進步，將婚姻歸於個人情感領域。但是作為新人，不妨聽聽過來人的建議。畢竟他們自己做過實驗，他們所犯的錯誤、他們踩過的坑，可以讓新人避免重蹈覆轍。

離婚：有意識脫鉤

即使是基於伴侶之愛的婚姻，即使聽從了來自父母的建議，也不能保證婚姻一定能走到最後。離婚也是婚姻可能的結局，而且這種可能性正愈來愈大。

二〇一四年，在經歷一系列溝通、掙扎以及婚姻治療師的諮詢之後，葛妮絲．派特洛和克里斯．馬汀這對好萊塢明星夫妻宣布離婚。當派特洛回顧這段經歷時，她說：「在離婚中，我從我最不想要的東西中學到了很多東西。」她所學到的，是可以不透過激烈的爭吵和肢體的衝突來離婚，而是以尊重和愛的方式來告別。這種方式稱為「有意識分手（Conscious Uncoupling）」。

離婚，傳統上看來是悲劇，是在兩性關係中最不被期待的結果。因此，親密關係的結束通常伴隨著委屈、悲傷甚至憤怒的情緒：「我為你付出了這麼多，我把你當成生命的全部，你為什麼要忽視我、背叛我、離我而去？」於是，有的會選擇報複，有的則不依不饒，願做任何事讓伴侶重回身邊。輕鬆友好的分手通常是件極度困難的事。

傳統上將親密關係的解體，簡單歸因於「我們處不好」或「我們就是不合拍」，有意識的分手則不同，而是提供了一個更為理性的溝通空間，讓伴侶透過對話、理解來分手。有意識分手試圖透過自我發現、相互理解，讓人能走出情感的困境，把因為分手而導致的混亂生活重新組合起來，而不是把問題遺留到未來，甚至影響下一段親密關係。

如何有意識分手？以下有三個步驟。

第一步，釋放感情。準備結束一段親密關係時，出現負面情緒是正常的。所以首先需要做的是撫平情緒，讓內心回歸平靜，別讓負面情緒影響理性的思考。有個有效的方法，是將負面情緒轉化為改變的力量。例如，當一方意識到經常被忽視，經常需要放棄個人情緒與興趣來遷就另外一方時，這種不公平的委屈甚至憤怒，可以作為改變自己尋找未來伴侶的標準，打破自己之前的擇偶模式，例如基於外表而不是內在特質的模式。利用負面情緒的力量，將自己引導到積極的改變中，而不是自怨自艾。此外，可以藉此尋找婚姻對自己的真正意義：「我們在一起或者分手對我的意義是什麼？」對意義的探索將有助於尋找真正適合自我的婚姻，適合自己的伴侶。

第二步，重獲平等。對心理創傷的錯誤處理方式，通常是在心中不斷再現不愉快的經歷，而且這些反思常聚焦在對方的所作所為。於是，或徹夜不眠試圖拼湊出誰對誰錯，或為受到的傷害而悲傷哭泣，或為自己的行為而竭力辯護。這樣的反思只會形成無解的惡性循環。打破這個迴圈需要正視一個事實：即我也是當前困境的共同創造者——如果不是當初我對一些關係破裂信號有意或無意的忽視，如果不是我壓抑自己深層需求、不願或不敢表達，如果不是我以沉默面對問題、希望問題能隨時間而自然消失……當我們放棄了在親密關係中的平等地位，當我們放棄了表達自己需求的權利，當我們以沉默取代溝通，那麼親密關係就可能面臨解體。所以，將自己視為困境共同創造者，其目的不是譴責自己或讓自己感到羞愧，而是換個視角去理解親密關係破裂的根源：「是我對自己的需求沒有信心，因此擔心被拒絕；還是為了證明我的愛有多麼無私，而放棄太多、付出太多？」由此，我們才能在未來的親密關係中彌補自己的不足，而不是重蹈覆轍，並學會在未來的親密關係中表達自己：「我會重視自己的需求，我會為我的期待進行溝通，我會設定邊界。」

第三步，按下重啟鍵。將過去的不愉快經驗轉化為教訓和智慧，是原諒前任同時原諒自己的過程。只有把過去真的當成過去，因親密關係破裂而導致的悲傷或憤怒才能真正平息，此時，我們才能擁抱有無限可能的未來，創造屬於自己的幸福生活。注意，原諒不只是口頭的表達，更是行動的體現：讓分手之後的幸福生活，不僅屬於自己，也屬於前任，讓共贏成為可能。例如，在財產分配時，盡量公平而大度；在孩子撫養上，讓所有相關人員都有公平的安排，構建健康的共同養育關係。甚至可以將這段結束儀式化，以此來慶祝各自即將到來的新生。無論這個儀式是寫封信還是贈送禮物，都意味一種姿態：「這是我想給你的東西，讓你永遠記住我們曾經擁有的美好，忘記我們曾經遭遇的不幸，邁向更美好的未來。」

為什麼現在如此需要有意識分手？正如我們不知道婚姻的本質，誤把婚姻當成激情之愛的巔峰，我們同樣不知道，當親密關係不再親密時，如何與它告別。來自身邊的同事、朋友、新聞媒體上的例子大多醜陋且虐心，不少人因為擔心離婚會導致毀滅性且持久的災難結局而猶豫不決，錯過本應屬於自己的幸福生活。所以，要正視當下的困境，轉換視角來了解自己和對方的意圖與行為，以此釋放委屈、悲傷、憤怒和怨恨，尋找更適合自己的相處方式，從當下失敗的親密關係，走向未來成功的親密關係。

結語

婚姻從一開始就不是愛的結晶。婚姻的起源，是要解決人類在過去二百萬年演化中孕婦分娩困難的問題。慢慢地，人類替婚姻賦予了部落結盟、償還債務等功能。直到近代，我們才把婚姻和愛連接在一起。

一方面，我們不了解婚姻的來源，以為愛就是婚姻的一切。而結婚後柴米油鹽醬醋茶的瑣事將愛沖得七零八落，小孩的養育讓父母互相抱怨、反目成仇……當愛的激情不再，夫妻倆為婚姻心如死灰，宣判婚姻死刑時，其實他們並不知道當初為什麼會結婚。

另一方面，人類對美好生活的追求從未止步。婚姻的歷史恰好印證了人本主義心理學家馬斯洛的需求理論。在「制度式婚姻」時代，夫妻雙方對婚姻的期待多是生存的需求，即飲食與養育後代；在「友伴式婚姻」時代，婚姻則滿足夫妻雙方「安全感、愛與歸屬」的需求；而「自我表現婚姻」是透過感情連接，實現自我表達、自我尊重和自我成長。

滿足高層次的需求雖然使人更加幸福，並且更深入觸及內心體驗，但夫妻雙方也必須投入大量的時間和精力，經營自己與伴侶的關係，洞悉彼此的價值觀並進行有效溝通，這樣的難度遠超過維持家庭的溫飽。所以，雖然人類對婚姻的期望隨著馬斯洛的需求層次逐步升級，要獲得它的難度也在升級。

儘管難，我們仍然義無反顧：雖然離婚率不斷上升，但是離婚的人並沒有對婚姻絕望——他們絕大多數會再婚。這是因為婚姻如社會學家貝拉（Robert Bellah）所言，已經成為「攜手探索豐富多彩、紛繁複雜又激動人心的自我的過程。」的確，隨著婚姻的制度色彩逐漸減弱，我們更常把它當成自我表達、實現個人價值的必經之路——「是你的存在，讓我想成為一個更好的人」。

第5章
自我表達：我有我的自由

二〇一七年，英國前足球員貝克漢和妻子維多利亞（前流行樂團辣妹合唱團成員）花了近五百萬英鎊，在英國牛津郡的奇平諾頓購買了一個小莊園，準備將它改建為鄉間別墅。貝克漢夫婦擁有無數豪宅，按理說大家應該早已失去興趣，但這棟新別墅的設計卻引起了大家濃厚的興趣，因為原為一體的標準別墅格局變成了三棟分離式房屋：貝克漢夫妻在家劃了「三八線」——在這個別墅裡，他們分別住在左右兩棟房子，而中間那棟是他們共同生活的地方。難道他們二十多年的婚姻有變化？

事實上，他們的婚姻沒有變化——他們之所以這麼做，是因為他們有不同的生活習慣。貝克漢透露他有輕度的強迫症行為，所有東西必須擺成一條直線，或者成雙成對出現，如果家裡有三個一樣的罐子，就必須扔掉一個；而維多利亞喜歡輕鬆無壓力的家庭氛圍。所以，他們在家擁有各自的活動區域，互不打擾，而吃飯、陪孩子等家庭活動就在中間的房子裡進行。分開住，讓他們保留了各自的生活習慣。

貝克漢夫妻的「分居婚」並不是特例。日本女星新垣結衣和星野源談戀愛時，星野源搬

圖 2-5 貝克漢夫婦的鄉間別墅。

到了新垣結衣家附近，成為鄰居。在既是鄰居也是情侶這樣相處一段時間後，兩人選擇結婚。但他們並沒有搬到一起，因為他們希望即使在婚後，也要保有自己的私人空間。另一位日本女星天海祐希說，如果一定要結婚，分居婚才是她理想的狀態——比如公寓相鄰或是住對面，做好飯然後打電話問對方：「要過來嗎？」這樣能各自保有各自的「城堡」。類似的情況還有好萊塢女星茱莉亞．羅勃茲等。

這些明星解釋，分居婚並不是感情危機。相反地，這是種設計好的新型夫妻關係，讓雙方保留各自的生活習慣，同時能讓愛情「保鮮」。兩人相處久了，會漸漸看不到對方的優點，而保持適當的距離，可以讓夫妻用客觀的角度看待對方，有助於重新建立欣賞和認可的態度。

明星選擇了分居婚，多數一般人則選擇單身。在美國，處於單身狀態的成年人在總人口中的比例急劇上升，在二〇一四年達到了一億兩千四百六十萬，占十六歲以上人口的五十・二%。而這個比例在一九七六年只有三十七・四%。在已經組建家庭的美國人中，二〇二〇年人口普查資料顯示，因離異或伴侶去世的單親家庭占了二十八%，也就是說，每四個家庭就有一個是單親家庭。面對這龐大的人群，美國人口普查局將九月的第三週定為單身美國人週。

社會學家猜測，單身人數比例增加是因為他們想先完成學業，或先找到一份好工作、獲得經濟保障等。但是，來自皮尤研究中心二〇二〇年對美國成年人的全國性隨機抽樣調查顯示，僅有十四%的單身人士對走向婚姻的浪漫關係感興趣，而有一半的人表示他們不想談戀愛，甚至不想約會，保持終身單身。

難道單身人士最想要的，不是脫單而成雙成對嗎？

自我發現

二十世紀六〇年代，從美國開始，人們推崇一種新的個人主義，即注重自我發現和心理成長的表達型個人主義。它的特點是強烈相信個人的特殊性，並透過語言、選擇和行動將之充分表達。例如，穿一件與眾不同的衣服，不是為了酷和獨特，僅僅是因為喜歡。

哲學家瑟曼（Howard Thurman）說：「你身上有某種東西正在試圖傾聽你內心真實的聲音。……之前，世上從來沒有與你一樣的人。之後，也不會有像你這樣的人出生——你的存在就是唯一。……如果你聽不到這些聲音，那麼你的一生都將操縱在別人手裡。」賈伯斯也有類似的觀點：「你的時間有限，不要浪費時間活在別人的人生裡。」

這觀點聽上去很簡單而誘人，但是做起來非常不容易。我們都被應該如何觀察、思考、說話和行動的社會規範所束縛：非禮勿視，非禮勿聽，非禮勿言，非禮勿動。所以，我們或明白無誤、或潛移默化地被告知應該吃什麼、喝什麼、怎麼娛樂；應該與誰交往，應該喜歡誰或鄙視誰……甚至，自我表達被認為是利己與自私，我們需要放棄自我，融入大我之中。

但是，正如心理學家鮑邁斯特（Roy Baumeister）和麥肯錫所說，自我是最基本的價值觀，不應參考其他的價值觀來制定。也就是說，尊重自我，是尊重他人、尊重社會的原點與基石。

如何尊重自我？首先，尊重自己真實的感受。以善意的方式來實話實說——明白無誤、愛恨分明，而不是模稜兩可，成為別人眼中的謎團。其次，尊重自己的潛力。正如精神科醫生薩茲（Thomas Szasz）指出：「自我不是被發現，而應是被創造的。」不要把自我束縛在狹隘的已知之中，而是對新的經驗、機會、興趣和激情，保持開放的心態。第三，尊重內心的呼喚。在繁忙的日常中，不妨按一下暫停鍵，詢問自己對此刻生活的感受，檢視現實生活中的你，距離心中的你是更近還是更遠了。最後，尊重即行動，要「貪婪地」追求欲望和激情，有如賈伯斯所說的「永不滿足（stay hungry）」，而不是身未老，心已死。所以，正如心理學家德拉霍爾塔宣稱：「自我發現之旅是我們能走的最重要的旅程。」對自我表達的追求不是自私，而是種道德良善。

與此並駕齊驅的，是婚姻的演變。如先前章節的分析，婚姻已經從強調務實的幫助配偶滿足其基本經濟和生存需要、強調愛情的幫助配偶滿足其親密和歸屬的需求，演變到第三階段：自我表達，即重視配偶之間在個人成長需求方面的互助。所以，當心理學家研究了一九〇〇至一九七九年女性雜誌對「愛情」的定義演變，一點也不驚訝地發現「愛情意味著自我犧牲和妥協」已演變成「愛情意味著自我表達和個性」。

自我表現婚姻的興起，徹底改變了伴侶間互動的最佳方式。在最近一項研究中，美國大學生被要求定義伴侶的價值，除了外表的美醜、承諾等傳統價值之外，他們還特別強調擁有一個可以讓他們發揮最大潛能的伴侶之重要性。這正如一名參與調查的大學生所說：「我真的覺得伴侶的價值在於幫助我成為更好的人，成為更好的自己。」婚姻已經開始從社會需求、滿足夫妻及其子女需求的正式制度，轉變為滿足配偶個人心理需求的私人契約。

雖然家仍然是這個冰冷世界的避風港，婚姻仍然是愛情與情感的歸屬地，但是愈來愈多人意識到，一個僅僅能實現這些目標卻不能促進自我表達的婚姻是不夠的。社會學家克林伯格（Otto Klineberg）觀察到，以前對配偶不滿並要求離婚的人，必須證明自己的決定是正確的；在今天卻恰恰相反：如果在婚姻中沒有感受到自我的成長，就必須證明自己有充分的理由留在婚姻之中。

於是，單身成為一種選擇。

有些事情單獨做更有趣

《孟子．梁惠王下》曾記載孟子見齊宣王，談論音樂分享的快樂。孟子問：「獨樂樂，與人樂樂，孰樂乎？」宣王回答：「不若與人。」孟子又問：「與少樂樂，與眾樂樂，孰樂？」宣王回答：「不若與眾。」所以後人有「獨樂樂不如眾樂樂」的成語，意思是一個人欣賞音樂所獲得的快樂，不如和眾人一起欣賞音樂的快樂。但是，最近發表在《市場行銷》的一項研究，卻說明了欣賞音樂等事情，一個人來做也許更快樂。

心理學家讓大學生在電腦上觀看電影節會放映的電影海報，報酬是他們最喜歡的電影的免費觀影票。一種情況是單獨觀看，自己決定看每張海報的時間及順序；另一種情況是和一位同學一起觀看海報並相互交流。結果發現，獨自觀看海報的人更能夠集中注意力，事後對海報內容的回憶準確度也更高。最重要的是，他們有更好的體驗：因為他們可以自行決定看什麼海報，以及看多久；也就是說，他們不用考慮另一位同學的想法，而是專注於自己的審美體驗。如同序文中提到的心理學家特沃斯基所說：「人本身並不複雜，複雜的是人和人之間的關係。」

事實上，進行休閒娛樂時，獨自一人也許更快樂。當與其他人一起旅行，不僅需要考慮自己想去觀光的地方，還需要考慮其他人的感受：他們是否對這些景點感興趣，他們希望以什麼順序遊覽景點，他們想在每個景點花多長時間？他們想一路上談論觀感，還是想有安靜的時間沉浸於所處的風景？當我們不得不去關注同伴的喜好時，自然會有一部分注意力放在同伴身上，而這種分心顯然會破壞我們的體驗。這正如羅森布魯姆（Stephanie Rosenbloom）在著作《獨處時光》（*Alone Time: Four Seasons, Four Cities, and the Pleasures of Solitude*）中所述：「獨自一人，我可以按照自己的節奏來展開我的審美；獨自一人，我可以傾聽雨聲，以一種別人在身邊時無法聽到的方式聆聽，身心寂靜。」

我們可能要問：如果結伴出遊的玩伴不是普通朋友，而是琴瑟和鳴、心意互通的伴侶呢？是不是眾樂樂會勝過獨樂樂？

答案是否定的。社會學家詹森調查有婚姻、同居或約會等親密關係的德國成年人的生活滿意度。結果顯示，在親密關係開始的時候，他們對自己的生活感到更滿意——顯而易見，這是他們在一起的原因。但是，「從此過上了幸福的生活」在現實中大多時候只是童話傳說，因為開始時的蜜月效應不會持續太久。之後，他們感到抑鬱，對自己生活的滿意度下降，同時自尊降低。

隨著時間推移，他們的幸福感甚至會低於親密關係開始之前。通常，這是親密關係即將結束的前兆。研究者進一步將女性與男性在親密關係過程中的滿意度、自尊和抑鬱情緒進行比較，發現女性比男性更沮喪、更不滿意，自尊心受到更多的侵蝕。而導致的直接後果是，相對於男性，現代女性更傾向於單身生活。也許這是因為女性在婚姻開始時就對平等、尊重、成長抱有更高的期望；而男性，也許還停留在中世紀婚姻的刻板印象之中——我乃家庭的中心。

那麼有趣的問題是：婚姻是不是比同居或者約會更能抵抗時間的侵蝕呢？有個反直覺的發現是，與同居或約會的情況相比，處於婚姻中的夫妻對生活的滿意度會下降得更快，自尊心也會受到更大的傷害。心理學家猜測，與單身人士不同，已婚人士傾向於只關注一個人，即他們的伴侶，所以他們的生活多是圍繞著這個人而展開。單身人士則是圍繞著自己，而不是其他人來創造生活。所以，單身人士與朋友、兄弟姊妹和父母、鄰居、同事的關係更為密切。因此，與我們的認知相違背的是，真正孤獨的人其實是已婚人士，而一旦兩人世界出現衝突，已婚人士往往因為缺乏社會支持，導致自尊急劇下降。

這個猜測得到了社會學家波特（Marina Haddock Potter）實證研究的支

持。在《美國夫妻的社會支持和離婚》（*Social Support and Divorce among American Couples*）論文中，她陳述了非常有趣的現象。波特詢問已婚人士三類問題：（一）情感支持：「假設你遇到了問題，並且對如何解決感到困惑或沮喪，你會向誰尋求幫助或建議？」（二）緊急醫療援助：「假設你在午夜有急診的需要，你會打電話給誰？」（三）緊急財務援助：「如果你因為緊急情況不得不借錢度過一個月，你會找誰借錢？」求助的選項是「沒有人」或者「朋友、鄰居、同事」或「親戚」。

波特發現，如果已婚人士有婚姻之外的情感支持，當他們感到沮喪或困惑時，他們會向朋友或家人尋求幫助或支持，因此離婚的可能性更大。作為對比，財務援助或醫療援助的支持類型與離婚的可能性無關。波特認為，這是因為那些可以獲得家人或朋友情感支持的已婚人士，如果對婚姻不滿意，他們更願意透過結束婚姻來讓日子過得更舒服；而缺乏情感支持的人只能默默忍受。

當我們以傳統的方式來思考單身生活時，我們通常會認為這些人是可憐的，所以他們被冠以「光棍」或者「一人吃飽，全家不餓」的嘲諷標籤。我們之所以可憐他們，是因為我們假設每個人都想結婚，同時夫妻生活比單身生活更幸福。但從單身人士的角度來理解單身生活時，就會明白一種全新的生活方式。

我有我的自由

在世俗的眼光裡，單身通常被認為是孤獨與游離的。但是，如果換個角度來看，單身人士是那艘航行在自己生活河流上的船之船長。在生活中，只要資源和機會允許，他們可以隨心所欲安排一切；包括吃什麼，什麼時候睡覺，是否健身和健康飲食，不用看其他人的臉色。對他們而言，單身的好處在於，他們可以設計一種最適合自己的生活。

當然，這只是表面上的「放縱」。在更深層次，這是自由。單身人士可以利用他們的了無羈絆，去做對他們而言真正重要的事情。例如，離開一個獲利豐厚的職位，從事一項更有意義但收入很低的工作。而這種自由讓他們的個人成長更快。有項針對美國單身人士與已婚人士的家庭調查顯示，單身人士更具有心理學家德韋克（Carol Dweck）所宣導的成長型思維：「對我來說，生活是不斷學習、變化和成長的過程。」「我認為重要的是要有新的體驗，挑戰自己如何看待自己和世界。」而不是固定型思維：「很久以前，我就放棄了在生活中做出重大改進或改變的嘗試。」

社會習俗經常將重視個人自由視為自私，斷言基於對個人主義價值的追求，最終只會帶來痛苦。但是科學研究表示並非如此。有項分析三十一個歐洲國家、二十多萬人的資料顯示，信奉自由、創造力和嘗試新事物等價值觀會讓人更加快樂。雖然這個發現無論對於已婚人士還是單身人士都成立，但單身人士從他們對自由的重視中所獲得的幸福，要比已婚人士更多一些，因為單身人士有更多自決權來實現個人自由。與已婚人士相比，單身人士更容易認為「評價自我的標準應當是我認為重要的東西，而不是別人認為重要的東西」，以及「我對自己的觀點有信心，即使它們與多數人的想法不同」，較少受到處於強勢地位的人的影響。

同時，單身人士還有充足的時間與他們認為最重要的人連結，並在他們需要的時候提供協助。在已婚人士看來，伴侶是生命中最重要的人，理所當然比其他人更受重視——這沒有錯，但是社會習俗通常要求已婚人士把伴侶視為唯一，這會讓他們忽視對朋友或親戚的連結和付出。大量研究顯示，已婚人士往往更加孤僻，視野也更加狹窄。例如，已婚人士老掉牙的話題是「誰做了什麼、誰是否沒做，或誰做得不夠」：妻子可能會抱怨喪偶式育兒，丈夫在養育孩子中缺席；丈夫可能會哀嘆中年危機，在事業和家庭的雙重壓力下「跑不動，也跑不掉。」

反觀，單身人士透過投資朋友，獲得了自尊。心理學家費舍爾（Helen Fisher）對二百七十九名年輕人進行了長達兩年的追蹤研究。她發現，擁有良好的友誼有助於提升自尊，因為友誼能夠透過「心理協調」的動力過程來增加歸屬感，而自尊的高低在一定程度上取決於歸屬感的強弱。更重要的是，隨著時間的推移，單身人士對友誼的感覺會愈來愈好，於是這種歸屬感導致的自尊進一步提升。伴侶之間則存在一個難以逾越的障礙，即「愛情優先於友誼」。這個障礙使得伴侶減少對友誼的投資，從而導致與朋友和親人的紐帶隨著時間而減弱。

更糟糕的是，並不是每段戀情都會發展成婚姻，也不是每段婚姻都會走到終點，於是分手的伴侶在失戀帶來的痛苦，以及意識到朋友已疏遠的雙重打擊之下，心無所依，自尊會受到極大的傷害。所以，一方面伴侶獲得了親密關係帶來的愉悅，但也不得不面對將親密關係置於友誼之上的可能代價。

當然，追求個人自由也有代價，那就是孤獨。夫妻之間的契約保證當一方需要陪伴時，另一方就會出現在面前，因為這是義務和責任。而朋友不一樣，即使是關係特別親密的朋友。網路上曾流行一張網友杜撰的「國際孤獨評分表」，將孤獨分為十個等級：從羽量級的「一個人逛超市」、「一個人去餐廳」，到中級的「一個人吃火鍋」、「一個人唱KTV」，再到慘烈的「一個人搬家」、

「一個人動手術」。網路上關於孤獨的段子層出不窮，比如無論何時約單身人士出來喝下午茶，或是去商場閒逛，他／她都回覆得飛快：「好啊，幾點？」

的確，孤獨是痛苦的，有些人正是因為對孤獨的恐懼而選擇了婚姻，湊合著過。但是，正如痛苦經歷本身也蘊含了價值，孤獨同樣是一種積極的力量——社會評論家戈爾尼克在〈孤獨的恐懼〉一文中說：「孤獨，一旦被揭開神祕面紗，你就會發現它不僅不會致命，還能成為開啟心靈的源泉。如果你決心不被孤獨所淹沒，而是逆流而上，你就會發現它是你心靈中被忽略的強大力量。」

這就是孤獨的另一面：錯過的喜悅。

錯過的喜悅：孤獨的另一面

心理學家德保羅的課程非常有趣，很多學生選不到課，於是她設置了一個門檻：選課的學生必須獨自去咖啡店喝咖啡，而且不能帶雜誌或電腦，只能一個人什麼事都不做地喝咖啡。

這個挑戰嚇退很多想選課的學生——他們可以一個人宅在宿舍裡打遊戲、聽音樂，但是無法鼓起勇氣一個人出門喝咖啡。因為獨自一人在咖啡廳、餐廳或者電影院，他們認為別人會盯著自己看，納悶他們為什麼沒有朋友，甚至認為他們是失敗者。

對他人看法的關注是孤獨感的主要來源。心理學家讓大學生獨自一人在週末或者工作日去看電影，然後讓他們報告所感受到的孤獨感強度。學生們普遍反映在週末時獨自看電影會感覺更加孤獨——因為週末的電影院裡人山人海，會有更多人注意到他們單身一人；而在工作日，電影院的人寥寥無幾，因此他們比較能避開他人的注意。

人們並非完全不願意在公共場合獨處。去超市購買食品或去健身房鍛鍊身體時，他們更喜歡單獨一人，而不是和朋友在一起。同樣，當心理學家允許大學生帶筆記型電腦或課本，獨自一人去咖啡店時，這些大學生能輕鬆完成任務，沒有任何為難。

因此，孤獨感來自目標的缺失而非獨自一人。在咖啡店獨自喝咖啡而感到孤獨，是因為我們把咖啡店當成社交或工作場合，而不是品嘗咖啡的場所，一旦我們手裡有雜誌或者電腦，就不會在意自己是獨自一人，只因我們此時有了目標。透過尋找伴侶或者參加集會來擺脫孤獨，只是飲鴆止渴，他們的陪伴並不能解決目標的缺失。

想像一下，你身在一個熱烈討論的群體之中，但他們談話的內容與你的興趣南轅北轍，或他們談話的觀點膚淺且空洞。這時的你不缺陪伴，但你所體驗的，是真正的孤獨。此時，孤獨的另一面是JOMO（the Joy of Missing Out），即錯過的喜悅——我們會因為錯過這樣的聚會而喜悅。我們沒有義務參加我們不感興趣的聚會或者陪伴。此時，我們更願意獨自一人，享受JOMO。

真正擺脫孤獨的辦法，是過真實的生活，過有目標的生活，過對你而言最有意義的生活，而不是別人認為你應該過的生活。

怎樣才能知道我們過的是真實的生活？根據心理學的「自我和諧理論」，就是追求適合我們的目標，從而成為真正的自我。如果我們選擇了錯誤目標，即我們追求的目標沒有反映出自己真正是誰、關心什麼、擅長什麼，那麼即使實現了這些目標，我們也不會感到快樂或者滿足。所以，對一些選擇單身的人而言，並不是他們沒有能力找到伴侶，或者不願意把伴侶放到人際關係中最重要的位置，而是這根本不是他們的目標。

心理學家謝爾敦（Kennon Sheldon）在《成為真正自我的心理學》（*Self-Determination Theory in the Clinic: Motivating Physical and Mental Health*）一書中提供設定目標或制訂計畫時，兩種不同的感受。

當你設定目標或制訂計畫時：

A型

- 你感到矛盾；
- 你發現自己無法堅持到底；
- 當你與他人交談時，你有時會貶低自己的目標或計畫；
- 你有時感到自己被其他人逼著去選擇目標或制訂計畫；
- 你覺得有必要追求大眾認可的目標（例如，攻讀金融學位而不是文學學位，因為前者會帶來更高的薪酬）；

‧你擔心如果不追求大眾認可的目標，自己會感到內疚。

B型

‧你喜歡你所追求的目標或設定的計畫；

‧你認同自己現在正在做的事情，而這些事情定義了你是一個怎樣的人；

‧你覺得你正在做的事情有趣、有意義；

‧這是你喜歡的挑戰；

‧你是否覺得你現在做的事情，即使不付給你任何報酬，你也想做它；

‧你更傾向於自我成長和自我完善，而不是別人對你的評價。

如果你在設定目標或制訂計畫時，有更多B型所描述的感覺，而不是A型所描述的感覺，那麼你在成為真正的自我方面做得相當不錯。

自我和諧理論的核心是關於你，而不是關於其他人。所以，你周圍的人應當是使你更容易成為更好的你，而不是阻礙你。在工作場所，最好的上司是試圖看到你的動機和目標，試圖給你選擇和建議，並為這些選擇和建議提供理由和意義。在日常生活中，最好的朋友或親戚，是試圖提醒你大眾偏愛的目標未必會為你帶來快樂，是試圖理解你的決定，而不是問你「收入多少，什麼時候會升職，什麼時候結婚，什麼時候生孩子」等。你周圍的人，應當認可真實的你，以及鼓勵你如何過上最有意義和最真實的生活。

遺憾的是，婚姻或者親密關係，通常會讓人把另一半的感受和意見放到最優先的順序，而單身則能夠選擇誰可以成為自己周圍的人，使自己成為更好的自己。

單身的挑戰：孩子

除了孤獨，單身人士還必須面臨一個現實的問題：沒有孩子。

有項針對美國一千一百八十名、二十五至四十五歲之間沒有孩子的已婚或單身女性的調查顯示，女性對於沒有孩子普遍感到不幸福。這種不幸福的感受，有的來自同輩的對比，例如「當我認識的人懷孕時，我會感到悲傷」，「我忍不住把自己和有孩子的朋友們相比」；有的是來自對母性的渴望，如「假期對我來說特別困難，因為我沒有孩子」，「有孩子對我作為一個女人的完整感很重要」；有的來自家庭的壓力，例如「孩子對我父母很重要」，「沒有孩子是因為太考慮自己的利益和生活」等。

有趣的是，研究者進一步探討這些女性沒有孩子的原因，大致可以分為三類：（一）生育障礙，即不孕不育；（二）情境障礙，即想要孩子，但是心理或者經濟等還沒有準備好；（三）自己的選擇。研究者發現，有生育障礙的女性對沒有孩子感到最痛苦，選擇不生孩子的女性則感受最少，而情境障礙界於兩者之間。因此關於生孩子，來自父母或者同輩的壓力並不重要，沒有孩子的女性之所以感到痛苦，是源於自己的願望。如果做一名母親是女性所期望的，同時是她們作為女人的身分體現，那麼沒有孩子是痛苦的。

特別在是否生育孩子這件事上，女性面臨的壓力遠遠大於男性，這是因為社會習俗將母親與女性緊密捆綁在一起——沒有孩子，意味著女性的不完整。相比之下，男人可以聲稱自己是「真正的男人」，而不是父親。那麼重要的是，為什麼有些女性不想要孩子？

歷史學家克利斯蒂爾（Rachel Chrastil）在《關於無子女家庭的歷史與生

活哲學》（*How to Be Childless: A History and Philosophy of Life Without Children*）中，回顧過去五百年西歐和美國那些選擇不生育的家庭。她發現從十六世紀開始，歐洲西北部的城市中，無子女家庭已普遍存在，即使沒有孩子的女性可能被懷疑學習了巫術，而處以絞刑。與無子女家庭同時發生的，是生育率普遍下降。例如，在十九世紀，美國白人女性平均有七個孩子，到了二十世紀，她們只有約三個孩子，甚至近二十%的女性沒有孩子。所以，從大趨勢來看，嬰兒潮反而是不正常現象，最長持續不超過二十年。進入二十世紀下半葉，不生孩子不再是西方社會的獨特現象，而成為跨文化、跨地域的普遍現象——人們對無子女的認同度愈來愈高。

對於無子女家庭比例的上升，可能的解釋之一是避孕藥等避孕方法的出現，使得生育與性徹底分離，同時經濟全球化導致人口頻繁遷徙，「養兒防老」不再成為生育的理由。但是，克利斯蒂爾認為，個人觀念和社會態度的改變更為重要。在個人層面，人們愈來愈接受選擇傳統家庭以外的東西，例如教育、工作等。這也是為什麼無子女的女性通常受教育程度更高，宗教信仰更少，對職業更投入，更都市化，同時收入更高、經濟更獨立。在社會層面，無子女在以前被認為是羞恥和可憐的，是身體的缺陷，現代社會則更常把它與個人對自由的追求連結在一起。

可是，等她們老了，難道不後悔嗎？克利斯蒂爾的進一步調查顯示，與主動選擇不生孩子的女性相比，那些想生孩子但由於某些原因錯過的女性，更容易表達遺憾。克利斯蒂爾說，遺憾不僅是我們個人思考的結果，也是文化壓力之下的感受。例如，女性通常被告知，只有一種方法可以實現幸福，那就是孩子；如果沒有孩子，女性註定不會感到滿足。其實，對主動選擇不生孩子的人來說，他們並非註定生活在空虛之中；相反地，他們可以塑造更為宏大、更有意義的生活，有些因成為父母而失去的機會，現在可能對他們敞開——他們可以追求與為人父母無關的激情和人生道路。所以，與其擔心所做的選擇是否正確，不如充分利用我們的選擇，追求美好的生活。

心理富足：超越享樂與幸福

我們都想擁有美好的生活，但什麼是「美好」？對於不同的人，美好的生活可能指的是完全不同的生活方式與目標。在心理學中，美好的生活通常可分為「享樂的生活」和「幸福的生活」。

享樂的生活具有穩定、安全、愉悅、享受、舒適等特徵。要獲得這樣的生活，就需要一定的運氣與財富。例如，當我們有足夠的物質財富來滿足吃飯睡覺的需求，同時幸運地生活在沒有戰亂、治安良好的地區時，享樂的生活才有可能發生。享樂生活很容易被理解為沒有熱情或者膚淺，但這是錯誤的，因為快樂、穩定和安全是美好生活的基石。

與此相對的是幸福的生活。在心理學的解釋裡，幸福是有意義的快樂。這是種有目的、有意義和服務他人與社會的生活。選擇這種生活的人通常有遠大的目標和抱負，能夠理解自己前進的方向，並感到生活的意義。例如，矽谷「鋼鐵人」馬斯克經常問自己：「特斯拉的出現，讓世界向永續能源模式的轉變提前了多少年？」意義療法創始人、納粹大屠殺倖存者弗蘭克爾（Viktor Frankl）清楚詮釋了這種生活方式：「一個知道自己為什麼而活的人，能夠忍受任何一種生活。」幸福的生活並不需要好的運氣或者富足的財富，因為他們在道德、倫理和價值觀的引導下，透過為更大的群體或事業貢獻，享受幸福的生活。

近年來，隨著自我表達的個人主義興起與壯大，出現了一種全新的美好生活。他們的運氣或財富並非充裕，選擇的也並非是有目的、有意義的生活；他們追尋的是新奇體驗，在文學、體育、音樂和藝術等領域尋求生活之美。這種美好，來自對內心探索，來自對日常瑣事的體驗；在他們眼中，生活的一切是為了讓內心更加充盈，更加富足。心理學家貝賽爾（Lorraine Besser）和歐斯習（Shigehiro Oishi）將這種美好的生活稱為「心理富足的生活（Psychological Richness）」，即一種以有趣和豐富經歷為目標的生活。

心理富足的生活具有三個特徵。第一是多樣性，即生活充滿了獨特、不同尋常的經歷。經歷過災難和悲劇的人，不會說自己的生活因此變得更幸福，但他們會注意到自己的心理世界更加富足。例如，離婚可能是痛苦的，但它可以打破我們對親密關係的固有看法，從而在下一段親密關係中探索新的可能。第二是趣味性，即生活由很多有趣的經歷組成。喜歡心理富足的人會選擇出國留學，而不是留在國內讀書；他們會在日常工作的閒暇時間短途旅行，或者潛水衝浪，而不是宅在家讀書、烹飪，那些具有挑戰性或戲劇性的經歷，讓生活充滿樂趣。

最後是視角轉變。新奇而非常規的工作，通常使得過程遠比結果更重要。

在追求心理富足的人看來，「與其不斷重複一句不會錯的話，不如試著講一句不那麼正確的話。」作為學生，他們會挑選更具挑戰性的課程，更關心學習本身，而不僅僅取得好成績。這些富有挑戰、充滿不確定的生活事件，時刻展現了不同的觀點及生活的複雜性。正因如此，他們知識淵博，並深切意識到他們所知的只是部分事實，而非全貌。所以，在心理富足的人眼中，無論是消極情緒還是積極情緒，都是值得珍惜的，因為這會讓他們體驗到更為強烈和濃郁的生活，並串成一個個不同尋常、引人入勝的故事。正如詩人萬夏所說：「僅我腐朽的一面，就夠你享用一生。」

與追求享樂生活的人不同，心理富足的人對新奇刺激或者觀點更為開放和好奇；與尋找生命意義的人不同，心理富足的人並不把意義創造或個人成長作為動機或結果。最大的區別來自他們對自由的看法。雖然人人都熱愛自由，但是喜歡享樂生活或者有意義生活的人，更傾向維持社會秩序和現狀。對於那些追求心理富足的人，他們則把自由作為生活最本質的核心，他們期待社會的變革，去除生活中的陳詞濫調與框架。Beyond 樂隊的歌曲〈海闊天空〉是心理富足生活方式的最好詮釋：「原諒我這一生不羈放縱愛自由，也會怕有一天會跌倒／背棄了理想誰人都可以，哪會怕有一天只你共我／仍然自由自我，永遠高唱我歌，走遍千里。」

對任何一種美好生活方式的選擇，並無高下之分。如果生來就喜歡穩定的生活和享受自己，同時有較為充裕的金錢、時間和人際關係等資源，那麼享樂的生活無疑是最佳選擇。如果善於思考、擁有較高的道德原則，並喜歡尋求事情背後的意義，喜歡成為社會不可分割的一部分，那麼有意義的生活是最適合的生活方式。但是，如果喜歡的是偶然與意外，對不確定充滿好奇與渴望，不願一直和同一個人或幾個人在一起，也不只以達到目標為唯一目的，那麼心理富足的生活就是首選。

有項研究調查了印度、新加坡、安哥拉、日本、韓國、挪威、葡萄牙、德國和美國這九個國家對三種美好生活方式的偏好。多數人選擇了享樂生活（四十九・七％至六十九・九％），一部分的人選擇了有意義的生活（十四・二％至三十八・五％），只有少數人（六・七％至十六・八％）選擇了心理富足的生活。雖然他們在人群中的比例不高，但特立獨行，即使犧牲享樂與意義，也不願接受或者適應生活帶來的一切，而是努力去改變與轉化，看看是否還有其他路徑。

在臨終之際，過著享樂生活的人可能會說：「我玩得很開心！」過著有意義生活的人可能會說：「我改變了這個世界！」而心理富足的人可能會說：「這是一趟多麼美好的旅程！」

選擇，就是一種自我表達

選擇什麼樣的美好生活，取決於你想在今後的生活中獲得多少快樂、意義和心理富足，這樣你才知道需要從生活中移除什麼，又把什麼添加到生活之中。例如：

- 對於享樂生活，不妨問問自己：什麼讓你的生活充滿了愉悅和快樂？你需要什麼來保證穩定和安全？你擁有它們嗎？
- 對於有意義的生活，你需要問自己：如何理解你的過去、現在和未來？你為什麼要為這項事業奮鬥，目的是什麼？有了你，這個事業有什麼變化？假如沒有你，這個事業會有什麼損失？
- 對於心理富足，不妨問問自己：有趣與新奇為什麼對你如此重要？需要找到什麼才會讓你的生活更有趣、更有挑戰？如何在日常生活中尋找美的、不一樣的色彩？

更重要的是，你需要知道：在當下，你與快樂、意義和富足這三個美好生活的要素的關係是什麼？如果非得在這三種生活方式中擇一，你更想要哪個？

哲學家齊克果認為，一個有著受人尊敬的工作、可愛的孩子及穩定家庭的已婚人士，是主動或被動選擇傳統的、安全的、穩定的生活方式，所以他們大多會過著快樂而有意義的生活。但他們所經歷的，一定不是充滿變化、跌宕起伏的非傳統、不穩定、不妥協的生活。

選擇單身的人，更可能選擇心理富足的生活。心理學家鮑克（Matthew Bowker）專門研究那些傾向於獨來獨往的人，他發現這些人至少可分為三類。第一類是害羞的人，雖然他們極度渴望他人陪伴，但他們通常因為害羞而拒絕和他人交往。第二類是迴避者，他們盡量避免和他人待在一起，他們主動或因為被拒絕，持續遠離其他人。第三類是被稱為「不合群」的人，他們既不渴望在未來與人交往，也不抱怨曾被人拒絕。他們更願意留在當下，享受屬於自己的時光。

進一步分析這類「不合群」的人之人格，發現他們的確不善於或者不願意維持長期親密關係——初次見面，他們通常不願意提供聯繫資訊。隨著交往愈趨深入，他們一旦發現這親密關係不是他們所期待的，或者令他們滿意的，他們更有可能提出分手。這也是他們多數單身的原因。但是，他們的思想更開放，對新奇的事物充滿好奇和興趣，把生活當成一個不斷學習、不斷變化和不斷成長的過程，因此有更高的創造力。同時，他們更關注個人成長和變化，更傾向於以自我認為重要的東西來評價自己，而不是以別人認為重要的東西來判斷自己。自給自足，擁有對自己的絕對控制，無論大小事都能做出自己的決定，是他們獨來獨往的根本原因。

「不合群」的人會選擇冒險和挑戰，而不是選擇賺錢，或從事有意義的工作。同時，他們不會追隨偶像或「大人物」；他們崇拜偶像，不過是崇拜偶像的行為，而非偶像本身。這種性格決定了他們不會讓自己的生活圍繞著伴侶，雖然他們會花時間和自己認為有價值的人在一起，並關心對方，但不會把其他人放在生活的中心。他們才是自己的中心。

從這個意義上來說，單身不是因為社交恐懼而不得不與社會脫鉤的結果，而是源於自我表達的選擇——選擇追求內心充盈、心理富足的結果。換句話說，單身只是副產品，自由表達才是主要目的。

結語

當然，美好生活並不只限於前述三種，因為享樂、意義和心理富足並不相互排斥，它們反而會互相促進——當追求其中一個，另外兩個可能會自然湧現。例如，穩定、富有安全感的享樂生活，可以是追求個人成長和心理富足的基礎——這正如馬斯洛的需求理論，通常只有當我們的基本生理需求和安全需求得到滿足時，才會去追求自我價值、自我實現等更高層次的需求。再者，如果想要過有意義、有價值的生活，那麼開放的心態與豐富的經歷，會使得我們能從更多維、更宏觀的視野來理解意義和價值。最後，追求新奇的刺激與挑戰，並不會給他人帶來不便，相反地，它為正在循規蹈矩或打拚事業的生活呈現了其他可能：一種有趣多彩、自由自在的生活方式。

這正如心理學家考夫曼（Scott Barry Kaufman）所說：「幸福來源是在生活中將意義（我所做的事對社會很重要）、享樂（我的生活很穩定和愜意）和真實（我直視我內心的呼喚）的和諧結合。」單身也好、結婚也好，都只是形式而非目的。同樣地，自我表達並非是唯一目的，它只是提醒我們：履行家庭職責、服務社會之外，還需要問問自己：什麼是我想要的？

PART 3

溝通與理解

第6章

化解衝突：經營愛情

高更是法國後印象派畫家及雕塑家，他與梵谷、塞尚並稱為「後印象派三傑」。高更在畫中使用強烈的色調，拒絕採用透視法，而以平面的二維形式，傳達純粹的感受和心靈的內容。這些富於表現力、質樸而又獨具風格的繪畫藝術，為現代藝術奠定基礎。

高更一開始並不是畫家。一八七二年，高更成為巴黎貝爾丹證券交易所的股票經紀人，與妻子和五個孩子在巴黎過著上流人的富有生活。一八七四年，高更參觀了在巴黎舉行的首次印象派畫展。他被這種風格的畫深深震撼，興起了成為畫家的強烈願望。但是，股票經紀人的工作占據了他所有的時間。

一八八三年，高更事先未與妻子商量，毅然辭去貝爾丹證券交易所的職務，以便能整天繪畫。為了緊縮開支，一家人不得不從物價昂貴的巴黎，搬到消費低廉的盧昂小鎮。當高更把大量時間花在畫畫上時，他的收入變得更少，婚姻開始出現危機。高更和妻子對當前的處境都不滿意，但是他們不滿的理由各不相同：高更希望過著純粹的繪畫生活，而妻子想回到過去那種富足的生活——重返巴黎，丈夫繼續從事股票經紀人的工作。

在婚姻中出現這些不和諧後，一八八五年高更離開了妻子和五個孩子，帶著絕對的真誠和堅定的信念，開始挖掘自己作為藝術家的潛能。一八九一年，他決定逃離世俗的文明，尋找全新的生活，一種更適合他所崇尚的、原始大膽而又真誠的繪畫風格的生活。於是，他航行到南太平洋上被稱為「最接近天堂的地方」的大溪地。除了一次短暫的返程之旅外，他在那裡一直待到一九〇三年逝世。他在大溪地創作有關當地人的繪畫作品，如〈我們從何處來？我們是誰？我們向何處去？〉（*Where Do We Come From? What Are We? Where Are We Going?*）等愈來愈有力度和個性。

雖然高更在貧病交加中去世，但他實現了自己的潛能，成為世界上偉大的藝術家。只是對於他拋棄

圖 3-1〈我們從何處來？我們是誰？我們向何處去？〉，法國畫家保羅．高更，1897 年

家庭、拋妻棄子，追求自我實現的行為，我們該如何評判呢？

一方面，他可以是一位富有責任的股票經紀人，與其深愛的妻子和五個需要照顧的孩子共度一生。另一方面，高更感受到成為一名藝術家的呼喚。他究竟該追隨成為藝術家的內心渴望，還是該履行作為丈夫、父親和家庭供養者的責任？生活中，當個人應擔負的責任與內心想自我實現的呼喚發生衝突時，到底哪一方更重要呢？

親密關係

亞里斯多德將人稱為「社會性動物」，即人註定要和他人聯繫在一起。人與人的連結具有演化的意義——對我們的祖先而言，只有相互依存才能使族群得以生存。論單打獨鬥，人類的祖先不是最厲害的捕食者，但是作為狩獵和採集者，以及抵禦其他捕食者方面，他們透過集體行動獲得了足夠的力量。此外，由於演化的副作用，每一個足月生產的嬰兒都是不具有生存能力、需要竭力照顧的早產兒。所以，只有男性和女性相互扶持、共同撫養，孩子才得以成長。

剛出生的嬰兒很快會表現出許多社會性反應，其中首要的是愛。在父母注意嬰兒的時候，他們會嘟嘟囔囔並且報以微笑；一旦和父母分離就會哭鬧，而重新見到父母時，會緊緊黏住不放。社會依戀作為強大的生存推動力之一，使嬰兒和父母保持著親密的關係。如果剝奪兒童熟悉的依戀對象，他們會變得沉默寡言、退縮甚至畏懼。

同時，對父母而言，社會性依戀是他們和孩子共生的紐帶。如果將孩子與他們分開，父母會感到恐慌。例如，以色列有種烏托邦的集體社區叫基布茲。基布茲社區過去主要從事農業生產（占全國四十％），現在也從事工業和高科技產業（占全國九％）。在這個烏托邦社區裡，大家信奉的原則是「各盡所能，各取所需」：人人完全平等，一切財產和生產資源為全體成員共有，衣食住行、教育、醫療全部免費，即沒有私產，一起勞動，共同生活。

基布茲社區一切都運行得特別好，但有一點例外。根據規定，基布茲社區裡的兒童從小過著集體生活，由社區所有女性共同撫養。然而時間一長，母親就會要求孩子與自己同住，而不是讓其他婦女集體撫養。幾經鬥爭，這種共同撫養子女的烏托邦實驗宣告失敗，基布茲回到了半獨立撫養模式：每天下午四點左右，基布茲的孩子們回到父母身邊，與家人一起待到睡覺時間，然後由父母送他們回集體宿舍，在那兒為他們唱童謠和催眠曲，最後在晚安聲中吻別。

由於群居者比獨居者更能生存並繁衍，所以今天的人類攜帶了那些註定我們與他人連結的基因——人與人之間的連結並沒有因為世界的擴大而變少；相反地，無論選擇結婚還是單身，我們終生必然相互依賴，將人際關係作為生存的核心，並占據我們大部分的生活。有項研究超過一萬人的日常生活紀錄發現，一天中他們有二十八%的時間都在與他人溝通和交流，這還不包括使用網路與他人連結的時間。而許多社交媒體，一直是網路流量的王者。

更重要的是，因為那些真實甚至想像的親密關係，人類才能有豐富的思想和多樣的情緒。如果有位能提供精神支援、可相互信賴的伴侶，我們就會感到被接納和被讚許；墜入情網，我們會感到有如在雲端的愉悅。而愛與關懷，會使得我們的自尊維持在較高的水準。當被拒絕，我們會感到抑鬱，生活乏味，度日如年。失戀的人、喪偶的人及客居異鄉的人，會因為失去社會的聯繫而變得沉默和孤獨。失去精神伴侶，我們會變得嫉妒、發狂，對死亡和生命的脆弱變得更加敏感。

我們可以想像，獨自在大溪地的高更的精神狀態：一方面，他被島上的自然風光和當地居民深深吸引，使得他的藝術達到了前所未有的高度；另一方面，孤獨緊緊包圍著他，使他的健康受到極大的摧殘——他曾服毒自殺，在後期，他心力交瘁，無法再握筆作畫。

即使在離婚率不斷攀升的現代社會，美國有項長期追蹤四萬多人的調查顯示，四十%的已婚者認為他們的生活「非常幸福」，只有二十二%的未婚者、十九%的離婚者和十六%的分居者有同樣感受。精神病學家鮑比說：「與他人的親密依戀關係構成了一個人生活的核心……人們都是透過這些親密依戀，獲得力量和享受生活。」因此，作為親密關係核心的婚姻，值得我們每個人認真經營。

背叛

高更無疑是位偉大的藝術家，但是從親密關係的角度來看，高更無疑也是個自私的人。如果在親密關係中的雙方都不考慮對方，只追求個人需求的滿足，那麼親密關係就會結束。因此，社會禮儀告訴我們，彼此要交換饋贈。心理學家哈特菲爾德（Elaine Hatfield）將此稱為「吸引的公平原則」：戀人從感情中所得到的，應該和他們各自投入的成正比。如果兩個人所得相同，那麼他們的貢獻也應該是相同的。在最原始的婚姻模式中，女性貢獻生育資源，男性則必須貢獻物質資源；在現代的婚姻模式中，有項調查研究顯示，在九種被人們認為是成功婚姻象徵的事務中，「分擔家務」排在「忠誠」和「幸福的性生活」之後，位列第三。

但是，或許因為「自利性偏誤」，大部分人會覺得自己做的家務要比另一方認為的多，或認為親密關係本該不平等，如「男尊女卑」的大男人主義，這時欺騙就會成為親密關係中最容易發生的行為。於是，欺騙與反欺騙成為親密關係中時常出現的情景。

對人類而言，檢測欺騙最常用的方法是觀察對方是否在撒謊。有多個線索用於檢測謊言，如語言、表情、身體姿態等。這些線索有些是撒謊的人容易控制的，有些則難以控制。最容易控制的是語言：比如「我愛你」，我們不難脫口說出，所以比較難根據話語的邏輯、前後一致性，推測它是否為謊言。稍微難控制一點的是表情：我們可以裝出欣喜的微笑或者悲傷的表情，但我們不是專業演員，所以偽裝出來的表情總是不夠逼真。更難控制的是伴隨著語言的語音線索，比如聲調的高低、語速的快慢等，這些語音線索通常不能被意識所控制。最難控制的是我們的身體姿態或者動作，因為我們通常不會去關注自己手腳怎麼擺放。

在撒謊的過程中，我們通常會用最容易控制的部分來撒謊，比如語言，而我們很少去控制比較難控制的部分，如我們的肢體，這部分是最容易檢測出人是否在撒謊的。

遺憾的是，我們雖然是撒謊的專家，但不是測謊的專家。例如，當我們找兩個朋友幫忙，他們都笑著說沒有問題，但事實上他們一個是真笑、真心願意幫忙，另一個則是假笑，敷衍了事而已。

如何判斷真笑還是假笑？我們通常會關注兩邊嘴角是不是向上翹起。但是，這個線索特別容易偽裝，你現在就可以輕而易舉地讓兩邊嘴角向上翹起來。驗證一個人是否在真笑，要看他的眼角。如果他的眼角出現了皺紋，那麼他大概是真的在笑，假笑的眼角不會有明顯的變化。所以，我們可以得知，圖3-2中左邊的人是真笑。當然，上翹的嘴角也能透露訊息——假笑時上翹的嘴角是不對稱的。換句話說，在檢測欺騙時，我們通常關注了錯誤的資訊。

我們對透過身體姿態和行為來判斷撒謊就更為隨機了。測試一下，在以下這四種表現中，你認為哪一種或哪幾種行為說明這個人在撒謊？

（A）他在說話時，眼睛不停地眨。

（B）他不敢直視你，眼睛經常盯著其他地方。

（C）他跟你說話時，笑容比平時少很多。

（D）他在說話時，身體不停地變換姿勢。

正確答案是A。當對方不停地眨

圖 3-2 難以判斷的微表情

眼睛，表示他有可能在撒謊，而其他三種行為表現都與撒謊沒有關係。

這些例子呼應了心理學研究的結果：我們成功檢測謊言的正確率和拋硬幣的正確率並沒有顯著差別。這是因為我們在日常溝通中，得到的絕大多數資訊都是真實的，極少遇到欺騙的情況，所以我們總是假設他人說的是實話，而不是謊話，否則我們會疑神疑鬼、不得安寧，甚至出現「迫害妄想」等妄想症。此外，測謊很難得到真實的回饋和驗證。例如，你問朋友：「為什麼昨天晚上沒有接我的電話？」他說：「抱歉啊，我身體不太舒服，所以早早就睡了，手機也調成靜音。」在這種情況下，即使你懷疑他，可能也永遠不知道他昨晚是出門鬼混，還是真的不舒服、很早睡。最後，不同人採用的欺騙方式各不相同，花樣層出不窮，難以應付。例如，男性和女性都是天生的撒謊者，但他們採用不同的方式。心理學家米利特（Kate Millett）總結：「女性表達自己，男性壓抑自己。」也就是說，女性更擅長把沒有的東西偽裝成有，比如一個女孩熱情地說「我特別喜歡你」，但她內心深處可能沒有一絲一毫的愛意。男性則恰恰相反，他們擅長把有的東西偽裝成沒有。比如問一位男性對那個漂亮的女孩有沒有好感，或者他是不是愛上了別的女人，他通常會平靜、斬釘截鐵地回答：「沒有，我只愛你一個。」內心如火山熔岩噴發，表面則是風平浪靜，波瀾不驚。

我們檢測欺騙的能力遠遜於我們撒謊的能力，基於這個殘酷的事實，企圖透過檢測謊言而避免親密關係中的背叛，只能是鏡中花、水中月。如果以博弈的心態進入親密關係，不僅會把對方的欺騙當成坦誠，也容易把對方的真誠當成謊言。於是，親密關係不可能持久，分手也就成為必然。

所以，維持親密關係的核心，不是夫妻的博弈，不需要把背叛與反背叛作為婚姻的主題。面對婚禮誓言「不論境遇好壞，不論家境貧富，不論疾病還是健康，永遠相親相愛，至死不分離。」夫妻之間的信任和互助，共同成長和共同經營，才是真正的實踐。

公平的互惠

在中國古代婚嫁制度中，有個成語叫「門當戶對」，源於元代王實甫的《西廂記》和清代曹雪芹的《紅樓夢》等小說。成語中的「門當」與「戶對」，屬於古代居民建築中大門的組成，是用於鎮宅的建築裝飾。「門當」是指住宅門前的一對石鼓，借用鼓聲宏大威嚴，有如雷霆，被認為能避邪。文官的家用圓形的「門當」，武官的家用方形的「門當」。「戶對」是置於門楣上或門楣雙側的磚雕或木雕，通常柱長一尺左右，與地面平行，與門楣垂直，意在祈求人丁興旺。「戶對」的大小與官品職位的高低成正比：三品以下官宦人家的門上有兩個門當，三品的有四個，二品的有六個，一品的是八個，而只有皇宮才能有九個，取九鼎至尊之意。所以不用進門，遠遠一看就知道這家的主人是幾品官員。門當戶對就是指，家庭的社會地位和經濟情況相對等時，才能交往或談婚論嫁，否則朋友反目、夫妻不和。

古代社會推崇、基於社經地位的「門當戶對」，在當今社會也適用，只不過我們需要從物質拓展到精神。在日常生活中，人與人之間透過即時的利益交換來保證對等：你借給我課堂筆記，我邀請你參加聚會。但是，處於親密關係的人並不在意這種利益交換，甚至會努力避免。例如，我們堅信所謂真正的友誼，是在幾乎不可能得到回報時也會幫助朋友。這個看似不計個人得失的幫助背後，是長期主義，即朋友之間更在乎長期的關係。人們看到朋友為了自己，犧牲了他的利益，彼此的信任會有所增長，而信任的價值遠大於物質利益。

夫妻之間更是如此，如果夫妻一方指出，自己期望對方做出什麼樣的行為，只會破壞他們之間的關係。只有當對方自願做出某種正向的行為時，另一方才能體會到愛意。這種自願的行為，更強調雙方的「資源」相當，因為一方的付出必須達到另一方的期望。例如，當住在同一宿舍的大學生從家鄉返校時，來自偏遠山區的同學帶回在地特產，這和來自大城市的同學帶來的新奇食物是對等的，但是一個「鄉巴佬」卻很難用千里迢迢從家鄉帶來的土產，或者每天鞍前馬後地跑腿，讓「千金小姐」感到愛意。他需要的是展現自己的潛力，自己的才華與勤奮，為更好的未來而奮鬥的承諾。

更重要的是，基於物質的門當戶對可以一目了然，但是基於精神的門當戶對，需要對另一方的深入了解。與一般的人際關係不同，伴侶之間的關係是親密無間、互相接納的，所以伴侶此時應該從「被了解」轉向主動的真實表達。人本主義心理學家朱拉德（Sidney Jourard）稱之為自我表達，即「扔掉我們的面具，真實地表現自己。」例如「我喜歡自己的哪些方面，不喜歡自己的哪些方面？」或者「我最羞愧的事情是什麼？最驕傲的事情是什麼？」研究顯示，這種敞開心扉並分享祕密，是培養親密關係的最佳方式，因為對他人敞開自我，是向對方表達信任的最佳途徑。同時，表露關於自己的重要資訊也會感覺良好，因為祕密帶來的焦慮可以被信任所化解。這也是為什麼中國人作為性格內向的民族，如此重視飲酒文化——將醉未醉時的自我表達，為彼此都帶來喜悅感，於是在酒桌上，眾人從一般的人際關係走向親密。

有趣的是，人與人之間存在「表達互惠效應」：一個人的自我表達會引發對方的自我表達。需要注意的是，自我表達並不會立刻帶來親密關係。事實上，如果親密關係立即產生，那麼這個人反而會顯得不謹慎和不可靠。健康的親密關係發展過程有如跳舞：我表達一點，你表達一點，但不要太多；然後，你再表達一些，我也會進一步回應。於是，親密關係不斷加深，創造出激情的體驗，熱戀就此開始。

一方的自我表達離不開另一方的支持。在對方表達自己時，一位好的傾聽者首先要善於讓人敞開心扉。在交談中，要有高度專注的臉部表情和樂意傾聽的姿態，而不是在對方說話時，自己低頭滑手機。同時，對方說話時，自己應該不時插入支持性的話語，表達對交談的興趣。但記住，不要加入價值判斷，斷然給出對錯的回饋。此外還要善於發問，引導對方表達自己。

那麼應該如何發問呢？基於「邁爾斯布里格斯性格分類」（MBTI）的「愛情三十六問」有不少相關的好問題：

· 你希望成名嗎？在哪一方面？
· 對你而言，怎樣才算「完美」的一天？
· 假如可以改變你成長過程中的任何事，你希望有哪些改變？
· 如果你明天醒來時能得到一種新的能力或者品格，你想要什麼？
· 如果有個水晶球可以預測你的未來以及一切，你想要知道什麼？
· 有沒有什麼是你夢寐以求的東西？為什麼沒有做？
· 你人生中最大的成就是什麼？
· 友誼中你最珍惜的是什麼？
· 你最難忘的回憶是什麼？

．你最糟糕的記憶是什麼？
．如果你知道自己只剩一年的壽命，你會改變你的生活方式嗎？為什麼？
．你覺得你的戀人應該有哪種美好特質？
．如果我想成為你的好朋友，一定要知道關於你的事情是什麼？
．有什麼事情不能隨便對你開玩笑？
．如果你今夜就會死去，而且沒有機會和任何人說，你最遺憾沒有說出口的話是什麼？為什麼你還沒有告訴他？

人本主義心理學家羅傑斯（Carl Ransom Rogers）把這些人稱為「促進成長」的聽眾——他們不僅願意真正表達自己的情感，而且願意接納他人的情感，是具有高度同理心的人。

大量研究顯示，那些總是與伴侶分享自己私密的感情及想法的夫妻，對婚姻的滿意度往往也最高，而那些特別沉默寡言的人，他們的婚姻常常以離婚告終。所以，與其在欺騙和反欺騙的博弈與猜疑中艱難前行，不如自我表達，坦誠相對。古羅馬政治家、戲劇作家塞內卡這樣說：「當我和好友在一起時，就像跟我自己在一起一樣，我可以想說什麼就說什麼。」婚姻也正是這種友誼，基於彼此的忠誠和信任。

現代的婚姻已從「制度式婚姻」的模式進展到「自我表現婚姻」的模式，戀愛的雙方愈來愈傾向表達自己內在的感受，並樂於享受由信任和自我表達而帶來的滿足感。這正是親密關係的精髓——相互聯繫、相互傾訴，進而相互認同，同時各自保持其個性、彼此獨立存在，最終「我」即「我們」，成長為更大、更穩定、更積極向上的新「自我」。

人際類型

親密關係建立的目的之一，是當我們遇到困難時，能從他人那裡得到支援。但是，並不是所有人都這樣，有些人在壓力條件下，會試圖遠離他人，並藉由獨處一段時間，讓自己從壓力中解脫。高更便是如此，一八八六年他患病住院、窮困潦倒、繪畫事業陷入低谷之際，他並沒有選擇向妻子或者友人求助，而是登上了「聖納澤爾號」這艘船，先後到了南美洲的巴拿馬、千里達及托巴哥、馬丁尼克島等。

心理學家格里奇透過研究情侶之間的求助模式，了解人際關係中的交往類型。格里奇教授在實驗過程中，告訴一對情侶關係中的男性，他將經歷一種緊張、不愉快的體驗：「在接下來數分鐘內，你將處於令人相當焦慮和難受的實驗情境。由於這個實驗的特殊性，現在我們不能告訴你任何資訊。」這段話的目的是讓這位男性在壓力下產生焦慮。同時，格里奇教授的助手在另外一個房間告訴這對情侶中的女性，她的男友將參加一個需要他積極表現的討論。之後，兩人被帶到一個沒有窗戶的幽暗房間。格里奇教授告訴這對情侶，實驗儀器還沒準備好，他們得在那裡等五到十分鐘，然後離去，同時利用隱藏攝影機記錄情侶在等待過程中的行為表現。

格里奇教授發現，並不是所有男性在壓力情境下都會向女友求助，即使女友主動詢問是否需要幫助；另一方面，並不是所有女性都會回應男友的求助，有些人只是默默坐著，心不在焉地聽著男性抱怨他的壓力和緊張。格里奇教授借助兒童心理學中，描述父母與孩子關係的「依戀」概念，將親密關係中男女之間的交往模式分成「安全依戀型」和「迴避依戀型」。

閱讀以下文字，選擇最適合你的描述，從而判斷你在親密關係中屬於哪種類型。

（A）和其他人在一起時我感到很舒服，並且很容易與人建立親密的友誼關係。當其他人依靠我時，我也很容易依靠他們，並為此感到高興。我不擔心被拋棄，別人想要親近我是件很容易的事情。

（B）有時，當我和其他人距離太近時，我會緊張。我不是非常信任他人，我不喜歡他人做某事時依靠我。當他人與我的關係比較親近，或者要求我對他們做出情感上的承諾時，我會變得焦慮不安。人們經常希望我表現得更親密一些。

如果（A）的描述更適合你，那麼你在親密關係中屬於「安全依戀型」；如果（B）更適合你，那麼你在親密關係中是「迴避依戀型」。

進一步研究發現，還有一類人介於安全依戀型和迴避依戀型之間，稱為「矛盾依戀型」。他們的特徵是「在人際關係上，我經常擔心其他人不是真的想和我在一起，或者不是真正愛我。我經常希望朋友們能夠與我分享更多的信任。也許是我迫切準備與他們建立親密關係，或者特別希望他們成為我的生活中心，這讓他們感到驚慌失措，無法忍受，導致他們一個個離我而去。」

在親密關係中，最理想的人際關係是安全依戀型。他們在親密關係中很少遇到問題。這是因為他們信任他人，在需要支援的時候會積極地尋求支援，同時會給伴侶更多情感上的支持。因此，他們容易與別人形成親密關係，並且不會由於對別人太過依賴或被拋棄而感到苦惱。這種交往類型的人在工作、家庭、社會角色，以及壓力情境下的生活事件滿意度都是最高的。

迴避依戀型的典型特徵是很難信任他人，他們通常懷疑他人的動機，害怕做出承諾，不願依賴他人，因為他們擔心自己會被拒絕。所以，為了避免被人拒絕，他們通常會先拒絕他人，即使是他人善意的幫助。心理學家霍洛維茲（Alexandra Horowitz）總結，迴避依戀型的個體要不是對親密關係充滿恐懼——「與別人太接近令我感到不舒服」，就是冷淡、疏離——「感到獨立和自給自足對我來說很重要」。

最後，矛盾依戀型的人對人際關係表現出極高的敏感性和不穩定性，他們過分依賴同伴和朋友，並且要求苛刻，輕微的分心與忽視就容易被認為是背叛。

更有趣的是，心理學家戴維森（Janet Davidson）和斯騰伯格（Robert Sternberg）等人發現：朋友、情侶或配偶之間的親密關係，與親子之間的親密關係極其相似。例如，在所有與愛有關的依戀中有共同元素：雙方的理解，提供和接受支持，重視並享受和相愛的人在一起。心理學家謝弗（David Shaffer）等人進一步發現，嬰兒與父母之間表現出的強烈感情，和激情之愛十分類似：期望得到愛撫，分離時倍感沮喪，重聚時極度喜悅等；甚至當嬰兒看見父母的照片時，他們的大腦活動與成人看到熱戀情人照片時的大腦活動十分類似。從這個角度來說，「女兒是父親的前世情人」並非比喻，而是事實。謝弗等人於是猜測，成人在親密關係的交往模式，其實是嬰兒與父母關係的延續。

研究結果的確如此。有七十%的嬰兒表現出成人安全依戀型的模式。當嬰兒被放在一個陌生環境中，如果母親在場，他們會很舒適地玩耍，快樂地探索環境，一旦母親離開，他們就會變得緊張。當母親回來之後，他們會跑向母親，抱住她一會兒然後才放開母親，繼續剛才的探索和玩耍。

大約二十%的嬰兒與母親分別時很少表現出不安；當母親出現時，他們也很少表現出對母親的依附。在父母眼裡，他們是「不黏人」的好寶寶，但實際上這種迴避型的交往方式，在他們長大成人後會有很大的問題。他們很少會形成真正的親密關係，而是更習慣捲入沒有承諾、沒有情感交流、只有性關係的短期戀情。

大約十%的嬰兒表現出類似成人矛盾依戀型，以焦慮和矛盾為標誌的不安全感。在陌生情境中，他們更容易緊緊纏著母親，只在母親周圍活動。母親一旦離開，他們通常會號啕大哭，但當母親回來時，他們又表現出強烈的排斥甚至敵意。他們長大成人後，會對伴侶表現出強烈的占有欲和嫉妒心。當親密關係遇到困難時，他們容易出現易怒的情緒或者過激的行為。

雖然有多種原因會導致嬰兒形成不同的依戀類型，但是一項針對六十二種不同文化的研究表明，嬰兒的人際關係與父母的教養方式有更密切的關係。簡而言之，父母如何與孩子發展出親密關係，孩子在長大後也將與他的伴侶發展出什麼樣的親密關係。從這個角度來說，原生家庭的模式在一定程度上會代代相傳：在婚姻關係緊張甚至衝突環境裡成長的孩子，他們將來的婚姻也很有可能會出現緊張或者衝突。

幸運的是，人們即便在兒童期經歷了最糟糕的人際關係，依然可以擺脫宿命，掙脫原生家庭的詛咒。雖然他們會經歷一些挫折，但在成長過程甚至成人後的積極經歷，可以補償早期的負面人際關係——在充滿關懷與愛的人際關係中，他們可以從原本拒絕、懷疑的狀態，重新生長出安全、信任的心理模式。

結語

法國有句著名諺語：「愛情消磨了時間，時間也消磨了愛情。」這也是為什麼長久的愛情總是那麼稀少，我們必須付出努力才能防止愛情的衰退。

長久的婚姻並不單是夫妻雙方花多長的時間相處，而是要像心理學家哈維所指的，要「用心照顧」我們的親密關係。婚姻幸福的要素不是生活地位的匹配或者錢財的給予，而是心意相通、性的親密、平等地給予和獲取情感與物質資源。更重要的是，自我表達並傾聽對方的困惑、感傷、喜愛和夢想，並給予積極的回應，從而努力使婚姻達到理想的完美境界。

婚姻關係研究者諾勒（Patricia Noller）分析不同文化下成功與失敗的婚姻

後總結：「愛情本身包括對差異和缺點的承認與接納；愛情是在內心決定去愛一個人，並對其做出長相廝守的承諾。愛情是可以經營的，它需要相愛的人共同培育。」

在美國作家威廉斯的童書《絨毛小兔》裡，絨毛兔問他的好朋友老皮馬，怎樣才能變成一隻真正的、有血有肉的兔子。

老皮馬回答：「真實並不能被製造出來；它只會自然而然地發生——當一個小朋友愛了你很久很久，並且他不只是想和你玩，而是真正愛你——那麼你就會變成真實。」

絨毛兔問道：「那我會受傷嗎？會痛嗎？」

「有些時候，會的。」老皮馬誠實回答道，「但是如果能變成真的，你是不會介意這些傷痛的。」

「那這是一下子就發生的嗎？」絨毛兔問，「還是一點一點慢慢地發生？」

「不會一下子發生的，」老皮馬緩緩解釋，「這需要很長的時間。這就是為什麼真實通常不會發生在那些或朝三暮四而輕易分手，或稜角鋒利而不知妥協，或敏感脆弱而需要時時照料的人身上。一般來說，等到真實終於降臨的那一天，你的大部分毛髮已經脫落，眼花耳聾，關節不再靈便，容顏也不再光彩如昔。但是，這都不重要，因為一旦變成真的，你就永遠不可能是醜陋的了，除非他不懂你的愛。」

第7章

同理心：你在，故我在

一八五二年，史托夫人出版了《湯姆叔叔的小屋》（*Uncle Tom's Cabin*）一書。這部反奴隸制的長篇小說，成為十九世紀全世界最暢銷的小說，僅次於《聖經》。時至今日，《湯姆叔叔的小屋》也是有史以來最多人閱讀、影響最大的小說，沒有之一。一八六二年，當史托夫人與林肯總統見面時，林肯對她說：「原來你就是那位寫書引發戰爭的小婦人！」林肯並不誇張——美國著名作家薩姆納（Charles Sumner）說：「要是沒有史托夫人的《湯姆叔叔的小屋》，林肯不可能當選美國總統。」

史托夫人從未提過自己為什麼要寫這本反奴隸制的政治小說。一八一一年，史托夫人出生於美國北方新英格蘭地區的富裕家庭，婚後她住在美國東部和西部，未去過奴隸制氾濫的美國南部各州，她唯一接觸的黑人是自己的僕人。雖然那個時代的重要政治議題是奴隸制度，她的幾個兄弟都是廢奴主義者，對盛行於南部各州慘無人道的奴隸經濟感到不滿。但是，史托夫人對於這個問題興味索然，她更關心的是女性教育以及照顧自己的孩子。

是什麼樣的動機促使她關注受壓迫的黑人，寫出這本被美國圖書館協會主席稱之為「影響世界歷史」的寫實主義小說？

傳記小說家對史托夫人的生活經歷進行了詳細的分析，認為這個動機就是她早逝的孩子——查理。查理出生於一八四八年，是史托夫人最寵愛的孩子，被她稱為「我的驕傲與快樂。」但在查理一歲半時，因霍亂而去世，史托夫人面對孩子在床上的痛苦掙扎，自己卻無能為力，深受無助感所苦。這種親子分離的痛苦，讓她理解黑奴婦女在面對孩子被販賣時分離的痛苦。史托夫人在日記裡寫下：「當我徘徊在他臨終的床邊，在他的墓旁，我才了解可憐的奴隸母親，面對兒女分離時內心那錐心刺骨的痛……我寫下我所做的，因為身為女人、身為母親，我對於我所看到的悲傷與不義感到痛心疾首。」

痛苦，讓史托夫人跨越了種族的藩籬，打破了階級的障礙，使她感受到其他與自己全然不同的人的痛苦，從而全力投入反奴隸制的工作。在她的小說裡，母子分離始終是最重要的主題。

我們每個人都曾有痛苦與悲傷的黑暗時刻，而這同樣可以成為我們成長的契機。痛苦並不只是消極的情緒，需要立刻終止；痛苦本身也有積極的一面——痛苦愈強烈，蘊含的能量愈高，使我們愈有可能突破原有的束縛，超越自卑，甚至跨越人與人的隔閡，慰藉他人的不幸。正如史托夫人在《湯姆叔叔的小屋》裡寫道：「世界上有一些有福的人，他們把自己的痛苦化作了他人的幸福；他們毅然埋葬了自己人生的希冀，讓它變成種子，長出鮮花和芬芳，為了孤苦的人醫治創傷。」

這些有福的人，都具有一個共性——他們都是有同理心的人，所以能接納痛苦，理解痛苦，最後昇華痛苦。

同理心是有效溝通的核心

加拿大英屬哥倫比亞省水利公司的總裁愛爾頓，是加拿大富有的執行長之一，但他最引以為豪的是他的家庭。結婚三十年來，他與妻子相敬如賓，宛如高中時代的初戀。有次他在公司內部大會分享自己的祕訣——「溝通交流」，這不僅讓他的事業成功，同時擁有完美長久的婚姻。

然而，並不是所有的溝通交流都有效。事實上，大部分的溝通不僅無法解決問題，還會激化矛盾。

例如，一位女孩向閨蜜抱怨：「我真蠢，怎麼會相信這個人？」然而她得到的回答是：「想不到一向驕傲自大的你，如今終於承認自己的愚蠢了，真是難得啊。」

閨蜜的本意是希望女孩反省，以後別犯下類似錯誤，但她卻採用譏諷的口吻。這不僅不能安慰對方，還會進一步激化對方的負面情緒，最後很有可能大吵一架。

再如，一位女孩抱怨：「媽媽相當不尊重我，每次都打斷我說的話，總是要我贊成她說得對，叫我按照她的要求去做。」閨蜜回答：「你怎麼能這樣批評自己的媽媽呢？她畢竟是你媽，你怎麼能不尊敬她呢？」

閨蜜的回答表面上是在講理，讓抱怨的人看到事物的另一面，但她武斷地批評了對方，並未理解朋友的感受，而沒有從根本解決她的問題。與此類似的說法還有以下例子，當一個小孩做錯事，造成他人的傷害，面對指責時，父母卻回答：「他只是個孩子。」

以上都是無效的溝通，是低情商的解決方式，通常不能解決問題，甚至會造成衝突。在親密關係中，如果經常採用這種溝通方式，親密程度會大幅下降。所以，親密關係的維持，不在於「溝通」，而在於「有效溝通」。有效溝通的基石則是同理心。

什麼是同理心？簡單來說，同理心是想像自己站在對方的立場，藉此了解對方的感受與看法，然後思考自己要怎麼做。同理心的英文是 empathy，這個詞源來自德文 Einfühlung——字面意思是「帶入感情」，十九世紀的德國哲學家利普斯（Theodor Lipps）用這個詞，描述人對藝術作品所做出情感上而非理性上的反應。佛洛伊德非常欣賞這個概念，在他的精神分析理論中，他用 Einfühlung 描述人們將小時候對父母未滿足的依戀，轉移到對諮詢師、教師、上司等的親密情感——翻譯成中文是「移情」。

一九〇九年，美國心理學家鐵欽納（Edward Titchener）認為，英文也該有對應於 Einfühlung 的詞，於是他根據古希臘文 empatheia 創造了 empathy 一詞。古希臘文empatheia由兩個詞根組成：em（in：進入）和patheia（passion or suffering：激情或痛苦），即體驗他人的激情或痛苦。自體心理學派的創始人寇哈特（Heinz Kohut）進一步闡述，empathy就是「進入另一個人的內心世界，同時保持客觀立場。」因此中文將empathy翻譯成「共情」。

雖然同理心從詞源上來看是新詞，卻不是近代人類才發展出來的能力。事實上，動物也有同理心。

達爾文在《人類的起源》中描述狗與馬會因同伴分離而傷心難過。博物學家克魯泡特金（Peter Kropotkin）在《互助論》中說絕大多數的動物——從螞蟻到鵜鶘、從土撥鼠到人類都會分享食物、保護彼此免受掠食者的攻擊。例如，野馬與麝香牛會以幼獸為中心，圍成一個圓圈，防止狼群攻擊。靈長類動物學家德瓦爾（Franciscus Bernardus Maria de Waal）觀察到黑猩猩的安慰行為，當群體中有黑猩猩打鬥輸了或從樹上掉下而痛苦時，其他黑猩猩會去安慰牠。牠們會擁抱那隻黑猩猩，或試著親吻與理毛讓牠恢復平靜。

德瓦爾教授進一步做了實驗以驗證動物的同理心。他將兩隻捲尾猴放在一起，其中一隻需要用代幣向研究人員交換食物。德瓦爾教授給了捲尾猴兩枚不同顏色的代幣：一枚代表「我」——如果負責交換的猴子用這枚代幣進行交換，牠將獲得一顆蘋果，另一隻猴子什麼也得不到；另一枚代幣代表「我們」，即兩隻猴子都能獲得一顆蘋果。隨著實驗的進行，負責交換的猴子選擇「我們」的代幣次數愈來愈多，顯示牠們確實關心彼此的福祉。猴子這麼做並不是害怕另一隻猴子的報復，德瓦爾教授發現，猴群中的首領實際上也是最慷慨、最願意分享的猴子。從這個角度來說，領導力的一大核心是分享，而不是武力的威嚇或者肉體的攻擊。

有個更極端的例子來自精神病學家馬瑟曼（Jules Hymen Masserman）的實驗：當一隻猴子拉扯鏈子獲得食物時，籠子裡另一隻猴子會遭到電擊。他發現，猴子會拒絕拉扯鏈子來獲得食物。有隻猴子看見另一隻猴子遭到電擊，甚至拒絕拉扯鏈子長達十二天之久——這等同於寧可自己餓死，也不願同伴受到傷害。人也是如此。在《湯姆叔叔的小屋》裡，主人萊格利將協助女奴逃跑的湯姆打得死去活來。在生命的最後時刻，湯姆說：「我什麼都知道，老爺，但我什麼也不能說，我寧願死！」

自然界的動物仰賴合作才得以生存，而我們人類更是透過彼此依靠才得以存續至今。同理心是我們的天性，而且，我們的同理心要比動物進步很多，但同時也複雜很多。

對同理心的誤解

同理心的興起如前述，來自心理治療領域。佛洛伊德首先將這個概念引入精神分析，寇哈特在演講「論共情」和《精神分析治癒之道》（*How Does Analysis Cure?*）中發揚光大，而人本主義心理學家羅傑斯更將它作為心理治療的核心。正是因為被不同流派的心理學家廣泛應用，它的內涵和外延反而變得模糊。所以，與其給同理心一個大家都認可的精準定義，不如釐清它不是什麼。

首先，同理心不是同情心。同理心是高情商的表現，而同情心是善意的低情商。

我們可以想像一個場景：當一個人陷入悲傷情緒時，好像掉進了無底深淵，四周一片漆黑，孤立無援。他在深淵底部大聲喊叫：「我被困住了，周圍一片黑暗，我現在好難受。」

同情心的表達方式是：「哎呀，真糟糕，你掉到洞裡了，很難受吧？餓不餓？要不要幫你找點吃的？也許這樣你會好一點。」同情心在這裡表現的，是試圖透過轉移話題來安慰對方，但是完全忽略了對方的感受，只從自己的角度來理解對方的處境。於是，同情心失去了與受傷者的連結，把自己變成旁觀者。

具有同理心的人會爬到地洞裡，告訴掉進地洞的人：「我知道下面是什麼樣子，你並不孤單，我能夠陪伴你。」同理心是在建立與受傷者實質上的連結，讓受傷者得到支持和理解，讓自己與受傷者變成戰友。這正如新古典經濟學創始人亞當・斯密所說：「想像自己是那個受苦的人。」

所以當我們看到剛入職的同事在報告前緊張不安，我們不該告訴他，「沒什麼好緊張的，多講幾次就不緊張了。」而是應該想像他的焦慮與茫然，給予他需要的安慰。在路邊看到有人因為缺衣少食而乞討，我們不只是可憐他們，而要去想像他們在寒夜裡露宿街頭的感覺、被路人徹底忽視的感覺。當然，同理心不僅是對苦難的感知，而是對所有的情感體驗。例如，當我們為長輩挑選生日禮物時，應當想像跟他有著相同品位、年紀相仿、背景相同的人會喜歡什麼樣的禮物。

同情心是對他人的遭遇感到可憐與遺憾，以旁觀者的身分出現，因此會失去連結；而同理心是理解對方的情感或觀點，是製造連結，成為受苦者的戰友。其次，同理心不只是用來發現你和別人的相同，更重要的是用來發現你和別人的不同。

德國思想家卡爾．雅斯佩斯（Karl Jaspers）在《歷史的起源與目標》（*vom Ursprung und Ziel der Geschichte*）一書中，把西元前八百年到西元前三百年稱為軸心時代。在這個時期，中國、歐洲和印度等地區出現人類文化飛躍的現象。

世界上主要的精神傳統，包括佛教、儒家與猶太教，以及隨後的基督教和印度教，都發展出著名且被後人稱為「黃金法則」的道德公理——「你們想要別人怎樣對待你們，就要怎樣對待別人。」或說「己所不欲，勿施於人。」

黃金法則常被認為是同理心原則。的確，當我們的情感經驗，尤其是苦痛經驗與他人相符合時，黃金法則可以運作得很好。但是，當我們的經驗、文化和世界觀與他人格格不入時，黃金法則就失效了，甚至某些時候還會帶來副作用。記者賴特（Robert Wright）曾用一段話評價美國的外交政策：「世界上最大的問題，就是人或團體無法從其他人或其他團體的角度看事情，即無法設身處地為人著想。我說的不是分享他人情感的同理心，例如感受他人的痛苦，而是理解與認同他人的觀點。所以，對美國人來說，這也許意味著，想像自己住在被美軍佔領或被美國無人機攻擊的國家；此時，你的看法也許會跟許多美國人迥然不同——那些美國人可能認為部署軍隊是善意的，能帶來更多好處；但你的內心可能充滿憎恨，開始厭惡美國。」

在菲律賓的馬克坦島上矗立一座紀念碑，其中一面刻著：「費爾南多．麥哲倫。一五二一年四月二十七日，費爾南多．麥哲倫死於此地，他在與馬克坦島酋長拉普拉普的戰士們交戰中受傷身亡。麥哲倫船隊的『維多利亞號』在埃爾卡諾的指揮下，於一五二一年五月一日升帆駛離宿霧港，並於一五二二年九月六日返抵西班牙港口停泊，第一次環球航海就這樣完成了。」而另一面，並不像傳統紀念碑那樣刻著麥哲倫的生平，而是紀念酋長拉普拉普：「拉普拉普。一五二一年四月二十七日，拉普拉普和他的戰士們在這裡打退了西班牙入侵者，殺死了他們的首領——費爾南多．麥哲倫。由此，拉普拉普成為擊退歐洲人侵略的第一位菲律賓人。」

在後人眼裡，麥哲倫和拉普拉普都是英雄——一個在傳播「文明」，另一個在抵禦「侵略」。從不同的視角來看，他們都充滿正義，所以世間萬物本來就不能做絕對的評價。不同民族、不同國家有不同的文化、歷史和風俗，必然不存在政治經濟學家福山（Francis Fukuyama）在《歷史之終結與最後一人》（*The*

End of History And the Last Man）一書所強調的，人類的文明最後僅有一種形態。在強國和弱國共存的世界裡，弱國的觀點通常有意無意地被強國所忽略，正如處於苦難中的人的觀點，常常被旁觀者忽略一樣。

愛爾蘭劇作家蕭伯納說：「己所欲，也勿施於人——他們的喜好可能跟你不同。」同理心不僅僅要求在情感上的共鳴，而且要覺察並尊重不同觀點。我們不能假定伴侶擁有與我們相同的喜好、道德理念，以及看待這個世界的方式。所以，我們需要超越黃金法則，擁有真正的同理心——別人希望你怎樣對待他們，你就怎樣對待他們。

亞當・斯密的《道德情操論》或許是第一本系統性討論同理心的書，他在書中再三強調，我們要避免以自我為中心，盡可能體驗他人的情感和適應他人的過往經驗：「旁觀者首先必須盡可能讓自己置身於他人的處境，無論受苦的人的任何悲傷痛苦多麼微小，都應細細加以體會……我想安慰你的喪子之痛，為了體會你的悲傷，我不能想著如果我有兒子，如果我的兒子不幸死去，自己會感受到什麼樣的痛苦。我應該想的是，如果我是你，我會感受到什麼樣的痛苦。我不只要置身於跟你一樣的處境，我還要改頭換面，具有跟你一樣的人格與個性。如此，我將完全為你悲傷，而不是為自己悲傷。」

用同理心培育親密關係

如何使用同理心增強親密關係呢?心理學家高特曼(John Gottaman)花了三十多年來回答這個問題:「幸福婚姻與不幸婚姻的區別是什麼?」他研究上千名已婚者並將結果編撰成書,專門探討如何用同理心經營婚姻。在書中,他給了三項建議。

第一,保持好奇心。社會學家桑內特(Richard Sennett)認為,同理心的前提是「對他人內心充滿好奇的情感。」這是因為好奇心不僅有助於我們了解伴侶來自何種家庭和社會背景、持有何種觀念,還能讓我們跟上伴侶的變化。我們可以試著每天發現一件對伴侶來說意義重大的事件:他想要什麼?在他身上發生過什麼重要的事情?

保持好奇心，最好的辦法就是向孩子學習——他們會直接找陌生人講話，問各式各樣的問題。義大利教育家多爾奇（Danilo Dolci）說：「孩子天性活潑，充滿好奇心也很敏感，長大就是變得麻木不仁的過程。」如何才能回歸像孩子那般的好奇心？羅傑斯的建議是真誠透明，即真實不做作。此外，我們需要接納和欣賞對方，無條件認為他是具有自我價值的人，無論他當下的狀態、行為或者感受如何。最後，要主動共情，即渴望了解對方的各種情感和自我表達的個人意義。

所以，當我們真正交談時，不是聊天氣或者飲食等瑣碎小事，而是討論夢想或暢談生命的價值：「根據個人經驗，你認為做個好人有什麼好處與壞處？」「你最希望自己的愛情觀有何改變？」「你的雄心壯志如何影響你對他人的關愛程度？」「你比較喜歡過去、現在還是未來？」「你最想如何迎接老年生活，誰可以幫你實現？」等等。

事實上，每個人都有自己的故事：我的童年、我的初戀、我的夢想……每個人的人生經歷都彌足珍貴、獨特炫彩。即使那些與我們認識多年、陪伴多年的人，仍有許多我們不知道的故事。

好奇心的反面就是忽視。賈伯斯在人生最後的日子，與傳記作者談到自己生命中最重要的女人——蒂娜，他說：「她是我見過最美的女人，她是我真正愛過的第一個人，我們是那麼心意相通，我不知道誰還能比她更理解我。」他們之所以沒有在一起，並非賈伯斯沒有把握機會，其實在一九八九年，賈伯斯向蒂娜求婚，但是蒂娜拒絕了，她說：「愛上一個以自我為中心的人，這種痛苦令人難以置信。」有多痛苦呢？蒂娜曾在他們的臥室牆上寫了一句話：「忽視是一種虐待。」

所以，保持好奇心。

第二，積極傾聽。在談話時保持同理心並不容易。一方面，積極傾聽並不是沉默不語，只聽對方講——沒有交互的談話不是積極的傾聽。另一方面，有些人只要談話變得激烈，就開始針鋒相對，搶先指責，想讓對方內疚，例如在前面提到的無效溝通；或者把勝負心帶入談話中：「你以為你這樣算慘嗎？要不要聽聽更慘的？」這裡最常見的錯誤方法，就是用「一線希望」來幫助那些求救的人。

俗話說，天無絕人之路，總會有一線生機，或者在「雞湯文」裡常有「上帝給你關上一扇門，同時會為你打開一扇窗。」但這樣的「一線希望」式談話，不僅不會幫助求助者，還可能傷害他們。因為這時的你不僅關上了門，而且把窗戶也關上了，還把你與他的連結徹底掐斷了。

例如，有人說：「我的婚姻正在瓦解。」你回應：「至少你還有一段婚姻。」有人說：「我的小孩最近厭倦學習，成績退步得厲害。」你回應：「至少你的小孩曾是優等生。」從表面上看，你是在幫助求助者尋找積極的理由，但實際上是在說：「你還是有不錯的地方啊，有什麼好抱怨的。」這裡的「一線希望」，其實是把他往外推，甚至讓他羞愧於自己的傾訴，從而把他的情緒打壓得更深，而不是釋放，最終愈積愈多，甚至出現各種心理問題。

溝通專家羅森堡（Marshall Rosenberg）向人本主義療法的創立者羅傑斯學習如何以來訪者為中心的傾聽技巧，並設計了一套「非暴力溝通」技巧，即積極傾聽的有效方法。非暴力溝通有兩個要點，一是要「感受」——清空自己的雜念，全神貫注聽對方講話，不預設立場，不妄加評判，從而感同身受。二是這個技巧的核心，努力「了解對方的需求」，而不是自說自話，雞同鴨講。羅森堡認為，無效溝通的主要原因是雙方沒弄懂彼此的需求。所以，我們不僅要傾聽別人的內心，也要讓對方知道我們聽懂了，方法則是把他們帶有情緒的言語，轉化為中性、不帶價值判斷的問題，然後重新講給他們聽。

為了清楚闡述基於這兩點的有效溝通，羅森堡舉了自己去巴勒斯坦難民營，與難民溝通的例子。當他踏入會場時，看見以色列軍隊前一晚發射過來的催淚瓦斯，彈頭上寫著「美國製造」。在他開口前，一位難民跳起來大喊：「殺人兇手！」其他難民也跟著大喊：「兇手！殺人惡魔！」

羅森堡問這位指責他是「殺人兇手」的難民：「你生氣，是因為你覺得我的國家不該製造這種東西？」

難民：「我當然非常憤怒！你們竟然以為我們需要催淚彈！我們要的是居住的地方！還有屬於我們自己的國家！」

羅森堡：「所以你很生氣，而且希望美國協助你們改善居住環境，幫你們爭取政治獨立？」

難民：「你知道這二十七年來，我跟家人過著什麼生活嗎？包括小孩在內的每個家人過著怎樣的生活，你有辦法想像嗎？」

難民就這樣不停講述他們遭受的苦難，羅森堡則認真傾聽，並把這位難民充滿情緒的言語轉化為中性、不帶價值判斷的問題。二十分鐘後，等難民覺得羅森堡已經了解自己的苦難，羅森堡才解釋他此行的目的。溝通結束後，這位原先怒氣衝衝的難民，邀請羅森堡去他家吃齋飯。

羅森堡分析了「非暴力溝通」在勞資談判的應用後，發現如果雙方在回應前，先準確複述對方所講的話，衝突會銳減一半。這樣積極傾聽的技巧同樣可用於家庭。例如，當妻子抱怨丈夫最近花太少時間照顧小孩，這時，先別急著辯護，而是說類似這樣的話：「我發覺你對我們照顧孩子的工作分配不太開心，是嗎？」或者「我上個星期有好幾天加班到很晚，你是不是想說這件事？」當孩子發脾氣或者號啕大哭，先不問他們為什麼有這樣的情緒反應，也不強行制止，而是協助他們講出自己的需求，例如「你不高興是因為我現在不能陪你玩嗎？」或者「你生氣是因為我沒有讓你看完動畫片，叫你去寫作業嗎？」

其實在這樣的衝突場景裡，並不是所有人都指望問題能透過一場談話就得到解決——他們希望的是有人傾聽他們、了解他們。同時，他們也知道我們並不是每次都能提出真正的、有效的解決方案。所以，他們寧可希望我們說：「我也不知道如何解決你的問題，但我非常高興你能跟我分享這些東西，我非常願意和你一起想辦法解決。」這就是連結。一旦有了連結，他們不再孤單，這就有了機會將他們從不愉快中引導出來。

第三，轉換視角、關愛他人。充滿好奇心，積極傾聽，還算不上真正的同理心。事實上，同理心的這兩點在商業上被充分研究和探討，用以操縱他人從而獲得商業利益。許多行銷課程教人如何在談話時靠同理心贏得顧客，例如問起他們的家人以建立私人情誼，在說話時看著對方的眼睛以體現關注，留意對方的肢體語言與說話語氣以了解他們當下的情緒。這一套技術被稱為「同理心行銷」。

第一位將同理心用於行銷的大師是佛洛伊德的外甥、被譽為公關之父的伯奈斯（Edward Louis Bernays）。伯奈斯使用佛洛伊德的精神分析法，觸及顧客無意識中的欲望與情感，與他們感同身受，而不是向顧客介紹產品的特點與優點。例如，一九二九年，他協助美國菸草公司透過同理心行銷，打破女性不可吸菸的禁忌。他安排幾位女影星在復活節遊行時公開抽菸，然後讓媒體跟進報導這些女影星，宣揚女性獨立、女性參政，而她們抽的菸代表「自由的火炬」，象徵男女平權。他的同理心行銷大獲成功——全美女性紛紛開始抽菸。在伯奈斯看來，只要藉由好奇心和積極傾聽，就能把握顧客的欲望，然後把產品與顧客的欲望搭上關係，就能把產品賣出去，甚至讓他們做出不合理的行為。

同理心行銷是同理心的濫用，因為它利用同理心來操縱他人，與同理心的初衷背道而馳。所以，真正的同理心還需要第三點，那就是關愛他人，以他人的福祉為同理心的出發點，這才是長久之道，而操縱與欺騙只能暫時得逞。

有「大眾通用設計者」美稱的莫爾（Patricia Moore），為了設計適合老年人使用的產品，把自己「變成」老年人——戴上老花鏡來模糊自己的視線，戴上耳塞讓自己聽不清楚，手臂與腿綁上夾板，讓關節無法彎曲，再穿上高低不一的鞋子，讓自己不得不使用拐杖。一九七九至一九八二年，她以這身裝扮在美國一百多座城市裡行走，試圖體驗老年人每天遭遇的困境，促使她從全新的角度，設計適合老年人使用的商品。同時，她還成為老年學家，成功遊說美國國會通過《美國身心障礙者法案》。

最後，也是關於同理心最重要的一點，就是轉換視角，關懷他人，以他人的福祉為目的；用「我們」取代「我」和「你」——不要只考慮自己的願望，想想什麼對「我們」最好，而不是對「我」最好；從笛卡兒「我思，故我在」的自我中心時代，進入到一行禪師在《當下自在》書中所說「你在，故我在」的同理心時代。

用同理心做自己

同理心不僅能幫助他人建立親密關係，更能幫助我們自己找到美好生活。

北宋時期，白雲守端禪師拜訪楊岐方會禪師。方會禪師問：「聽說你的授業師傅茶陵郁禪師在過橋時不小心摔了一跤，因此大徹大悟。你還記得他的開悟偈語嗎？」守端禪師點點頭，背誦道：「我有明珠一顆，久被塵勞關鎖。今朝塵盡光生，照破山河萬朵。」方會禪師聽完哈哈大笑，不發一語就走了。守端禪師愕然，通夕不寐。第二天一早，守端禪師專程找到方會禪師詢問：「為什麼我答對了卻招來你的嘲笑？」

方會禪師說：「你昨天看見在寺廟門口逗人發笑的小丑了嗎？你比他們差

遠了。他們喜歡人家笑，你卻害怕人家笑。」

守端禪師大悟，終成禪宗楊岐派的一代宗師。

守端禪師悟在哪裡？悟在自性自見。如果我們總是被貪嗔癡等俗情妄念所束縛，一言一行處處受到拘束，怎能灑脫自在？這也是羅傑斯所說「心靈上的自由」是美好生活的前提。

對很多人而言，美好生活就是滿足了需要、實現了目標，或者適應了環境等。透過達成目標而釋放內在的緊張，於是期望獲得快樂。但是，羅傑斯認為這是錯誤的。在他著名的《個人形成論》（*On Becoming a Person: A Therapist's View of Psychotherapy*）一書中這樣描述：「美好生活是一個過程，不是一種存在的狀態。它是一個方向，不是一個終點。構成美好生活的方向是個體選擇的，而他之所以能做此選擇，是因為他具有心理上的自由，使其可以在任何方向上變化移動。」

羅傑斯人本主義療法的核心是要激發來訪者，讓他們相信自己，讓他們擁有自由，那麼他們必然會進入美好生活。正如茶陵郁禪師的偈語：「我有明珠一顆，久被塵勞封鎖。今朝塵盡光生，照破山河萬朵。」

如何讓明珠「塵盡光生」呢？羅傑斯給出基於同理心的三項建議，這也是他創立的人本主義療法的核心。

第一，聆聽自我，開放經驗。向美好生活前進，必然是從熟悉的當下生活情景，走向未知的生活情景。而未知總是帶來不確定感，以及由此而來的焦慮，於是步步為營的防禦成了常態。防禦的確能帶來安全感，但更易錯失成長的機會——這正如哲學家齊克果所說：「冒險會導致焦慮，但是不冒險會失去一個人的自我。」

所以，向美好生活而去，必然要遠離自我防禦，而接納內心的衝突。面對未知，我們必然會有更多的手足無措，必然會有更多的失敗，恐懼、沮喪、痛苦油然而生。而我們習慣做的，是迴避、壓抑它們及封閉自我，不讓它們在我們的意識中正常表達。而這些負面的情感和欲望，就是那個「受苦的人」。

我們既然能夠用同理心，幫助他人從苦難中走出，我們更該用同理心幫助自己內心中「那個受苦的人」。要讓這些被壓抑在潛意識裡的負面經驗，向意識完全開放，毫無拘束地體驗這些情感和經驗，聆聽它們的苦難和訴求，讓事物以其本來的面目進入意識，然後與它們對話。

羅傑斯在諮詢中發現「當來訪者變得對於所有經驗更為開放時，愈來愈有可能信任自己的反應。假如他們『想要』表示憤怒，他們就表達出憤怒，而且發現結果令人滿意，因為他們對愛慕之情和親密相處等願望，同樣採取積極的態度。在找尋解決複雜、煩人的人際關係的恰當行為時，他們為自身直覺的能力深感驚異。事後他們才慢慢認識到，在產生令人滿意的行為之過程中，他們內在的反應多麼令人值得信賴。」

所以，當我們能夠傾聽自我的全部，這時我們過的生活才算屬於我們真正的生活。此時，就是美好生活。

第二，信任自我，依賴自我。我們信任專家、信任權威，但是我們不信任自己。我們總是渴求從「大師」那裡獲得真知灼見、人生啟迪，殊不知我們其實「明珠」在握，只是「久被塵勞關鎖」。

解鎖「塵勞」的關鍵，羅傑斯認為是對自我的充分信任，相信自我對於當下情境的反應，才是最佳的反應。而當我們對自己產生懷疑時，只有充分信任自己的反應，才不會像守端禪師那樣時刻關注他人的評價，最後採用「歪曲」的防禦機制。

有位女孩在讀書時一直非常勤奮，努力獲取好成績，以此取悅父母：「我是聰明的，所以能取得優秀的成績。」後來，她進入職場，在公司裡並沒有出類拔萃。於是，她此時的經驗與以往相抵觸，與她聰明、高成就的自我概念不相匹配，威脅到她的自我形象。自我形象對她而言非常重要，因為它曾讓父母對她積極關注。「父母將會怎麼看我？」的焦慮由此而生。

對焦慮的不良反應，是採用「歪曲」的防禦機制修飾或更改她的經驗，而不是去改變她的自我形象。例如，她可能會說：「我的上司對我的評價不公。」或者「我對這個工作沒有興趣。」於是，她可能去找那些更容易獲得好業績的公司或者行業，因為她期望使父母高興，而不是自己的成長。而事實上，在新公司的體驗可能會使她感受更多與自我形象的不匹配，產生更多焦慮。

羅傑斯認為，焦慮的真正解決辦法，是減少自我形象與經驗的不一致。擁抱新的經驗，改變由外人強加給我們的自我形象，即「聰明、事事必須出類拔萃」，而是自己來評價和掌控自己的行為，這樣就能享受到生活的個人權力感，知道未來是自己決定的，而非受外部的強制或內部的壓抑。這時，即使碰到迷茫、擔心、焦慮、恐懼等負面情緒反應，也能用同理心坦然面對，因為我們有對自己信任而伴隨的真實的控制感。

更重要的是，當我們不再像以前那樣，隨時防備著這些發自潛意識的情感與欲望，我們會愈來愈喜歡存在於自身的複雜性和豐富性，並由此構建出個性化的自我評價標準。此時，對於我們唯一重要的問題是：我的生活方式是否真正令我滿意。於是，我們不再盲目遵循或者消極適應社會和文化傳統；此時，創造和創新能力由此開展。

第三，活在當下，保持新鮮感。羅傑斯認為，美好生活就是每一時刻都充分體驗生活，對生活充滿清新感，因為生活存在於每一瞬間。

一九二四年，當記者問英國登山家馬洛里（George Mallory）為什麼要攀登聖母峰時，他的回答不是記者所期待的人類征服自然之類的豪言壯語，而是非常簡單的「因為它就在那裡」。雖然馬洛里是否為第一個成功登頂聖母峰的人還是個謎，但他更享受登山的過程卻是不爭的事實。

美好生活不是目標，而是過程，是一個既美麗動人又惶恐未知的運動過程，從我們來到這個世界，一直延展到我們的離去。在這個自我發展的過程中，早期是父母，特別是母親給予嬰幼兒無條件的積極關注——無盡的慈愛與關注和對吵鬧行為的忽略，這是嬰幼兒獲得安全感與自尊的關鍵。當在青年期逐漸獨立時，這時候的無條件積極關注只能源於我們自身。只有試圖去理解和體驗當下的意義，才能感覺到我們自己的價值；只有這樣，我們才能無拘束地發展一切潛能，達到最終指向的目標。正如登山的人不能時時想著登頂的喜悅，而應當關注眼前的每一步，活在當下。

動物之間的同理心是為了更好地生存；人與人之間的同理心是為了化解衝突，建立親密關係；而對自我的同理心，在羅傑斯看來，是在回答一個自人類文明誕生以來就存在的問題：「成為一個人究竟意味著什麼？」顯然，不同的人會有不同的答案，因為每個人都需要同理心，仔細傾聽自己的欲望與情感。

如何提升同理心

同理心無論在建立親密關係還是洞悉我們的內心，都是至關重要的能力。如何能提升同理心？

擁有同理心很容易，因為同理心是種本能；但是，擁有高度同理心卻不容易，因為同理心也是一種選擇，是對被忽視、被壓抑的情感和觀點的選擇，必須要有「我不下地獄，誰下地獄」的勇氣。同理心的核心是要建立連結，為此，自己首先必須真誠地體驗他人或自我的抑鬱、焦慮、憤怒等情感，這樣才能感同身受，成為共度難關的戰友。所以，雖然同理心很強大，但並非所有人都願意擁抱同理心。

此外，正如任何一種完美的能力需要持之以恆的練習。我們是所有動物中最具有同理心的動物，但人類也是最好鬥的動物。正如佛洛伊德在《文明與缺憾》中所說：「人類不是溫和的生物。」即使是嬰兒也會無情地尋求自己的利益。佛洛伊德相信，如果沒有適當的控制，人類會變成「野蠻的獸類，要他們體貼同類是不可能的。」在人類「死本能」的驅動下，會「不徵得他人同意，向他人發洩性欲，搶奪財物，羞辱他人，讓他人痛苦，折磨並且殺死他人。」因此，培養同理心也是擺脫獸性，走向文明的努力。

德國宗教哲學家布伯（Martin Buber）在《我與你》書中描述兩種人際關係。一種是「我－它」，把他人當成沒有個性的物品，這常見於刻板印象中，比如「東北人豪爽但粗糙，南方人細膩但拖泥帶水」；另一種關係是「我－你」，即把他人當作與自己平等的、獨特的個體來對待，並尊重和欣賞他的視角與情感，即使與自己截然不同。布伯認為只有「我－你」這種關係，才能與他人建立關係，了解真實，走向親密。

要形成「我—你」這種關係，關鍵在於想像他人的人性，在日常生活中探索他人甚至物品外表之下的人性。電影《尋找新方向》（*Sideways*）裡有段對話，非常清楚地展示了這個練習。電影中，瑪雅向麥斯解釋她為什麼喜歡葡萄酒：「我喜歡想像酒的一生，把它想像成是有生命的東西。我總會想到，葡萄生長那年發生了什麼事，陽光是如何灑滿大地，而下雨的話，又會是什麼樣子。人們又是怎麼照顧這些葡萄和採摘它們的；如果那是瓶老酒，他們又有多少人現今已不在人世。我總是想，酒是如何不斷生長變化的，要是我今天開了一瓶酒，它的味道一定和其他任何一天打開時有所不同。因為酒是有生命的，它會持續演變，變得繁複，直到達到巔峰的狀態。然後，它會維持穩定一段時間，最後不可避免地衰老。」

宗教哲學家阿姆斯壯（Karen Armstrong）認為，這種思考方式可以深化我們對全世界人類的關注——它能「幫助我們了解，自己其實必須仰賴許多素未謀面及居住在遙遠地方的人才能生活。」這將引導我們從他們的視角去看這個世界，對他們的經驗敞開我們的心扉。事實上，在我們回憶過去時，不妨去和那個十年前、二十年前的少男或少女對話，去理解自己在當時情景下的動機與行為。

布伯還強調「學習（同理心）的唯一方法就是面對面接觸。」所以，讀萬卷書，不如行萬里路。旅行是打破偏見的最好方式。最佳的例子，無疑是南美洲的革命家切．格瓦拉。

格瓦拉出身自貴族家庭，與許多年輕人一樣，他對橄欖球的興趣遠大於革命，而旅行的目的是認識更多女孩。當他決定到更遠一點的地方旅行，從阿根廷出發、穿越南美洲時，本意是「駛向靈魂最深的幽閉處，認識我們生活的土地，聆聽讚歌。」

然而，他原本狹隘的上層社會世界觀，在這趟旅行中徹底被南美洲的貧窮與社會不公所打破。在城市裡，格瓦拉看到一名年老的僕人，因為沒錢看病只能等死。他試圖用自己在醫學院的知識救治，但為時已晚。荒野中，格瓦拉遇到在路邊因為寒冷而緊緊相擁的失業礦工與他的妻子，他把毛毯給了那對無家可歸的夫婦。格瓦拉回憶：「那是我經歷過最冷的一晚，但那晚也讓我稍微靠近了人類這個奇怪的物種。」

當結束旅行的時候，一連串經歷使他的同理心油然而生，他在日記中寫道：「寫下這些日記的人，在重新踏上阿根廷的土地時，就已經死去。我，不再是我。」於是，格瓦拉完成了從醫學生向革命者的轉化。歷史學家維拉斯說：「格瓦拉的政治及社會意識覺醒，與他直接目睹貧困、剝削、疾病和痛苦有關。」而不是來自書本的知識，或者與有學識的人之討論。

世界上第一家旅行社的創始人、第一次環球旅行團的組織者托瑪斯·庫克（Thomas Cook）說：「旅行可以驅散傳說的迷霧，掃除從襁褓時期開始積累的偏見，藉由面對面的接觸，使我們獲得完全的理解。」

結語

十七世紀，哥白尼證明地球不是宇宙的中心——太陽沒有繞著地球旋轉。今日我們也知道，人性並非圍繞著自己旋轉，而同理心才是我們人性的根本。

在兩人世界裡，爭執總是不可避免。承認觀點的不同並接納，然後平和地討論分歧；如果感受到情感受了傷害，應該立刻停止爭吵，先修復受傷的情感，以避免情緒失控。最後，學會妥協。羅傑斯說：「愛是深深的理解和接納。是回應，是看見，是連結。」

在更廣的尺度上，同理心可以創造出人與人之間的連結，讓階層非暴力融合，讓社會繁榮成長。同時，擁有美好生活，必須走出自我的禁錮，走進他人的人生，不管他們是與我們熟悉的人還是陌生人；走出自我的壓抑，讓情感與欲望充分表達，不管這些情感是悲傷、恐懼，還是歡樂、幸福。

只有當同理心充盈在我們的人性中，我們才能成為完整的人，婚姻才會悠久而親密，社會才會融合不再分裂。這正如十七世紀英國玄學派詩人約翰・多恩（John Donne）在〈沒有人是一座孤島〉裡表達的一樣：

沒有人是一座孤島，
可以自全；
每個人都是大陸的一片，
整體的一部分；
如果海水沖掉一塊，
歐洲就減小，
如同一個海岬失掉一角，

如同你或你朋友的領地失掉一塊；
任何人的死亡都是我的損失，
因為我是人類的一員，
因此
不要問喪鐘為誰而鳴；
它就為你敲響。

跋

二〇一七年年底，羅振宇老師找到我，希望我能開設一門關於心理學基礎知識的大師課——縱觀中國的心理學圖書和課程市場，面對大眾的系統和全面介紹心理學的課程或書籍少之又少——不是類似《心理學與生活》這樣的專業教科書，就是類似《自控力》這樣探討一個專題的大眾讀物。此外，國外的心理學大眾書籍多由大學教授撰寫，而中國的作者少有經過心理學的專業訓練。

這並不是因為中國人對心理學的忽視。第一批睜眼看世界的近代中國人，把心理學作為革新自強的思想武器。在他們眼中，心理學以科學闡明意識和行動之間的關係，是修身養性、砥礪革命意志、移風易俗、治國救民的重要學問。

中國第一個留美學者容閎，一八四七年在美國學習了心理學，中國新文化運動先驅蔡元培，曾聆聽科學心理學創始人馮特講課，並系統學習了心理學實驗方法。中國第一所大學——京師大學堂在創辦之初頒布《欽定學堂章程》，設立心理學為通識科目，並規定第一年通識心理學，第二年通識應用心理學。孫中山更將「心理建設」置於《建國方略》首位，指出：「國家政治者，一人群心理之現象也。是以建國之基，當發端於心理。」

只是，窮國沒有心理學生長的土壤。物資的匱乏，讓人們把更多的注意力放在溫飽上。什麼是幸福？吃飽穿暖就是幸福。改革開放四十多年，中國經濟的增長速度，創造了人類有文字記錄以來的最快紀錄；於是，能用錢解決的問題愈來愈少，不能用錢解決的問題愈來愈多。而這些不能用錢解決的問題，有相當一部分，可以用心理學來解決。

根據我在麻省理工學院聆聽平克教授的「心理學一○一」和在哈佛大學聆

聽吉伯特教授的「心理學與生活」，以及我在中國科學院大學、北京師範大學、中國清華大學等高校，向全校學生講授「普通心理學」和「心智探祕」等課程的經驗，更融入我三十多年來對心理學和腦科學的研究心得，我開設了「心理學基礎三十講」，深受聽眾好評。

由於時間倉促，很多內容沒有講述。於是，我決定認真寫一本適合大眾的，系統性介紹心理學的通俗讀物。

根據規劃，這系列包含三冊。

第一冊是理論篇，講述心理學的三大難題與四大假設。它們是心理學的基石，同時是從精神世界來觀察這個物理世界的世界觀。

第二冊是自我篇，試圖從心理學的角度回答「我是誰」這個問題，並給出構建完美心理世界的方法，由此構建人生觀。

第三冊是社會篇，試圖從戀愛、婚姻、社會的角度闡明人與人，人與社會的關係，從而回答「我從哪裡來，要到哪裡去」這個問題，並尋找生命的價值與文明的傳承，以應對我們的價值觀。

第二冊（《心理學通識》）完成於二〇二〇年，本書是第三冊。在寫作的過程中，我意識到親密關係有太多東西需要分享，因為它回答了「人何以為人」，因此將這部分獨立成冊，我暫且把它編號為第三冊（上）。下一步準備寫作第三冊（下），即人與社會。希望這兩冊能盡快完成，與讀者見面。

在寫作過程中，我參考了很多書籍、論文和網路資料；為呈現他們的貢獻，我盡量在書中列出每位研究者的名字，也嘗試交叉比對，盡可能確保每處資料相對準確。考量這是本通俗讀物，所以我沒有在書末提供具體的文獻參考，特此致歉。同時，對於不準確的資料，以及對研究可能的斷章取義，甚至漏掉的引用，也特此致歉。

平時工作繁忙，每到節日或假日便是我快樂寫作的時候。寫作過程中，不僅讓我靜下心來，系統回顧和梳理我三十多年來對心理學的所學、所感、所悟；更重要的是，它治癒了我自己。

我們常說，「今年是過去十年最糟糕的一年，卻是未來十年最好的一年」。物質缺乏，精神困頓，生活不易，當下的每一年都是最艱難的一年。但是曾經被我遺忘的心理學知識，在寫作過程中又變得鮮活起來，讓我從不完美的物理世界中，構建出完美的心理世界。

希望您透過閱讀此書，也能有此收穫。

愛的演化心理學

從擇偶競賽、婚姻連結到刻意單身，看懂我和我們的生存法則

作　　者　劉嘉
內文插圖　Robin_ 彬仔
特約編輯　盧心潔
封面設計　萬勝安
內頁設計　江麗姿
業　　務　王綬晨、邱紹溢
資深主編　曾曉玲
總 編 輯　蘇拾平
發 行 人　蘇拾平
出　　版　啟動文化
台北市 105 松山區復興北路 333 號 11 樓之 4
電話：（02）2718-2001　傳真：（02）2718-1258
Email：onbooks@andbooks.com.tw
發　　行　大雁文化事業股份有限公司
台北市 105 松山區復興北路 333 號 11 樓之 4
24 小時傳真服務：（02）2718-1258
Email：andbooks@andbooks.com.tw
劃撥帳號：19983379
戶名：大雁文化事業股份有限公司

初版一刷　2023 年 9 月
定　　價　450 元
I S B N　978-986-493-148-4

歡迎光臨大雁出版基地官網
www.andbooks.com.tw

國家圖書館出版品預行編目 (CIP) 資料

愛的演化心理學：從擇偶競賽、婚姻連結到刻意單身，看懂我和我們的生存法則 / 劉嘉著 . -- 初版 . -- 臺北市：啟動文化出版：大雁文化事業股份有限公司發行 , 2023.09
面；　公分

ISBN 978-986-493-148-4(平裝)
1. 擇偶 2. 兩性關係 3. 戀愛心理學

544.31　　112011553

圖書許可發行核准字號：文化部部版臺陸字第 112111 號
出版說明：本書係由簡體版圖書《我和我們：關於愛的心理學通識》以正體字重製發行。作者：劉嘉，出版發行單位：天津知者萬卷文化有限公司。